Marianne Siegenthaler

Hausfrau

Der beste Job der Welt

Marianne Siegenthaler

Hausfrau

Der beste Job der Welt

Zytglogge

«Nach dem gewaltigen Boom der Erwerbsarbeit könnte der Haushalt einer der begehrtesten Orte der Selbstverwirklichung werden – übrigens auch für Männer.»

Matthias Horx, Trendforscher

Lektorat Bettina Kaelin Ramseyer
Gestaltung/Satz Zytglogge Verlag, Roland E. Maire
Druck AZ Druck und Datentechnik GmbH, Kempten
ISBN 13: 978-3-7296-0722-4
ISBN 10: 3-7296-0722-7

Zytglogge Verlag, Schoren 7, CH-3653 Oberhofen am Thunersee
info@zytglogge.ch · www.zytglogge.ch

STELLENANGEBOT

Haushalt-managerin

Ihr Aufgabenbereich

Innerhalb eines kleinen, lebhaften Teams sind Sie als Familienfrau verantwortlich für die selbständige Planung, Koordination, Durchführung und Kontrolle von familienin- und -externen Aufgaben sowie die Erstellung und Aufrechterhaltung der Infrastruktur.

Ihr Anforderungsprofil

- Familienbezogenes Denken und Handeln
- Komplexes Konfliktlösungsverhalten
- Führungseigenschaften
- Kulinarische und pädagogische Kompetenzen
- Kenntnisse folgender Themenbereiche erforderlich: Medizin, Buchhaltung, Gartenbau, Innendekoration, Psychologie, Hygiene
- Kommunikativ und kontaktfreudig
- Konsequent und geduldig
- Selbständig, belastbar und sehr flexibel
- Kreativ und kostenbewusst
- Gepflegte Erscheinung

Gerne erwarten wir Ihre kompletten Unterlagen mit Foto.

Inhalt

Einleitung	**9**
Es lebe die Hausfrau!	9
Hausfrauen sind wir alle	11
Akten ablegen oder Socken sortieren?	12
Dreifachbelastung? Nein danke!	14
Hausfrauen sind vielseitiger	**16**
Von der Pike auf	18
Die Allrounderin am Werk	21
Den Horizont erweitern	23
Seid nett zueinander	25
Das Superhirn	27
Hausfrauen sind kreativer	**30**
Manager mit Herz?	32
Überleben im Haushalt	34
Motiviert, flexibel und mobil	36
Der Haushalt, ein Think Tank	39
Hausarbeit als Jobtraining?	41
Hausfrauen sind gesünder	**42**
Sport ist Mord!	44
Wenig hilft viel	46
My Home is My Fitness Castle	47
Weg mit den Kalorien!	50
Slow statt Fast Food	52
Super Betriebsklima	54

Hausfrauen sind einflussreicher **57**
Immer diese blöde Arbeit! 59
Le chef – c'est moi! 62
Alles auch für mich 64
Machtmensch Hausfrau 65
Das Mami-Monopol 67

Hausfrauen sind geschäftstüchtiger **70**
Wer regiert das Geld? 72
Geiz ist geil! 74
Manchmal darfs ein bisschen mehr sein 78
Macht Geld glücklich? 79

Hausfrauen sind erotischer **82**
Die grosse Sexlüge 85
Ein Kerl muss her – aber subito! 86
Voll im Saft 88
Null Bock?! 90
Fit durch Sex 93

Hausfrauen sind kontaktfreudiger **94**
Einsam? 96
Kommt alle her! 98
Starke Familienbande 100
Wie ich dir, so du mir 102
Ich Jane, du Tarzan 103
Nur dann, wenn ich will 105

Hausfrauen sind organisierter 107
Es gibt viel zu tun ... 109
... die Hausfrau packts an 110
Unterschätzte Fähigkeiten 112
Die im Chaos versinken 114
Der Schmetterlingseffekt 116
Nur keine Panik! 118
Vorsorge nicht vergessen 119

Hausfrauen sind mütterlicher 121
Wie viel Mutter braucht der Mensch? 123
Die gute Mutter 124
Theorie und Praxis 126
Promis als Vorbild? Nein danke 128
Zwang zur Arbeit 129
Mehr Selbstbewusstsein, bitte! 131

Das Kleingedruckte 133
Karriere – was ist das? 133
Prestige – was für ein Prestige? 135
Wo bleibt mein Lohn? 137
Scheidung – Abstieg vorprogrammiert? 139

Fazit 141

Der ultimative Hausfrauen-Test 144

Einleitung

Es lebe die Hausfrau!

Erst die gute Nachricht: Raten Sie mal, wer laut einer grossen Umfrage des Trendbüros Hamburg zur Millenniumsfrau gekürt wurde: Die karriereorientierte Amazone? Die sozial engagierte Ökofrau? Die lustorientierte Powerfrau? Nein, mit 59 Prozent auf dem Sympathie-Barometer stellt die ‹neue Hausfrau› die drei anderen grossen Frauentypen locker in den Schatten. Mehr als die Hälfte der befragten Frauen zwischen 14 und 40 sind überzeugt, dass die begehrteste Rolle diejenige der Hausfrau ist.

Nun die schlechte Nachricht: Trendforscher eilen dem gewöhnlichen Volk in Sachen Wahrnehmung von gesellschaftlichen Veränderungen um Jahre voraus. Es ist deshalb nicht weiter verwunderlich, dass Hausfrauen vorläufig noch eher als Heimchen am Herd belächelt denn als neues Frauenidol bewundert werden. Im Gegensatz zu beispielsweise Schreiner oder Bankangestellte – pardon: Key Account Manager – gilt die Hausfrauentätigkeit (noch) nicht als richtiger Beruf, sondern eher als eine Art Beschäftigungsprogramm für Frauen, die nicht willens oder fähig sind, einer anspruchsvollen Tätigkeit ausser Haus nachzugehen. Gäbe es eine nach unten offene Skala bezüglich Prestigeträchtigkeit von Berufen, derjenige der Hausfrau stünde ziemlich weit unten.

Das war aber nicht immer so: Der Beruf der Hausfrau gehört zu den ältesten der Welt und war einstmals ebenso angesehen wie derjenige des Schreiners, Bauern oder des Hufschmieds. Jedenfalls war die Höhlenbewohnerin, die aufs Feuer aufpasste, für die Ernte verantwortlich war und saftige Früchte und Beeren sammelte, für das Überleben genauso wichtig wie ihr Mann, der auf die Jagd ging und alle paar Wochen ein Mammut oder sonst etwas Essbares heimschleifte.

An dieser Rollenverteilung hat sich grundsätzlich bis zu Beginn der Sechzigerjahre nichts geändert: Die Frau hütete Herd und Kinder und sorgte für das Wohl der ganzen Familie. Dafür wurde sie geliebt, geschätzt und respektiert. Bestimmt erinnern Sie sich an Serien wie zum Beispiel ‹Lassie›, wo Muttern immer fein im und ums Haus herum werkelte, hübsch ausschaute und dem Junior leckere Zvieri-Brote strich. Damals konnte man also mit der Hausfrauen-Rolle sogar noch berühmt werden, wie auch die adrette Doris Day beweist (die übrigens bei den Amerikanern selbst heute noch auf der Traumfrauen-Liste Platz 2 besetzt – direkt hinter Marilyn!).

Mit der 68er-Revolte wars nicht nur mit dem adretten Aussehen zu Ende, sondern plötzlich war für Frauen ein Leben ausserhalb der Familie möglich, ja sogar erwünscht. Im Gegenzug war der Hausfrauenjob mehr und mehr verpönt. Seit damals meint denn auch eine Frau, die sagt: «Ich arbeite», dass sie einer Erwerbstätigkeit fern der eigenen vier Wände nachgeht – als wenn Hausarbeit eigentlich gar nichts mit Arbeit zu tun hätte und praktisch nur so als eine Art Hobby betrieben würde! Die Hausfrau wurde zum Auslaufmodell erklärt, denn, so wollte und will man es uns weismachen, es gibt doch auch für Frauen jede Menge spannende, gut bezahlte Jobs, oder etwa nicht? Jedenfalls haben Frauenrechtlerinnen und Linke jahrelang dafür gekämpft, und da darf es nicht sein, dass es trotz deren unermüdlichem Einsatz immer noch Frauen gibt, die lieber zum Mopp als zur Maus greifen und die sich lieber mit Kindern als mit Kunden herumschlagen.

Hausfrauen sind wir alle

«Der Beruf ‹Hausfrau› hat ausgedient», titelt denn auch die Arbeitsmarkt-Agenda 2000, in welcher die Ergebnisse der schweizerischen Arbeitskräfteerhebung präsentiert wurden. In den 90er-Jahren, heisst es da, haben nur noch 40 Prozent der erwerbstätigen Frauen nach der Geburt des ersten Kindes die Berufstätigkeit aufgegeben. Die anderen 60 Prozent bleiben weiter berufstätig – allerdings die allermeisten nur in Teilzeit. Und mehr als ein Drittel von ihnen gaben ihren Teilzeit-Job mit der Geburt des zweiten Kindes auf.

Wobei, und das ist wirklich kaum zu glauben, in der Untersuchung unter Teilzeitbeschäftigungen bereits Tätigkeiten ab EINER Stunde pro Woche definiert wurden! Man stelle sich vor: eine Stunde, also sechzig Minuten oder 3600 Sekunden. Für das bisschen Zeit lohnt es sich ja nicht mal, sich umzuziehen, geschweige denn eine Kinderbetreuung zu organisieren. Und was bei einer Stunde wöchentlich, also viereinhalb Stunden pro Monat, an Einkommen hereinkommt, dürfte auch kaum der Rede wert sein. Angesichts einer derartig grosszügigen Auslegung des Begriffs ‹Teilzeitbeschäftigung› werde ich den Verdacht nicht los, dass die Statistik dem Zeitgeist zuliebe geschönt wurde. Eine einzige Stunde bezahlte Arbeit wöchentlich reicht aus, um sich nicht als Hausfrau, sondern als Erwerbstätige zu bezeichnen? Das soll wohl ein Witz sein, denn keine Statistik kann die Tatsache verleugnen, dass die meisten Frauen dieser Welt Hausfrauen sind – selbst wenn sie noch nebenbei einer bezahlten Tätigkeit ausser Haus nachgehen. Wer wäscht und putzt, wer kauft ein und kocht, wer erzieht die Kinder? Der Mann ist es jedenfalls nicht.

Und weil Frauen leider ganz allgemein dazu neigen, sich unter ihrem Wert zu verkaufen, sind sie nicht etwa stolz auf ihren vielfältigen, anspruchsvollen Beruf. Vielmehr ist es ihnen geradezu peinlich, ‹nur› Hausfrau zu sein, und so hängen sie – im Gegensatz zu vielen ihrer ‹berufstätigen› Geschlechtsgenossinnen – beim gemütlichen Smalltalk ihre Tätigkeit ganz sicher nicht an die grosse Glocke. «Ach, das bisschen Haushalt und die paar Kinder grossziehen, das ist doch wirklich nichts Besonderes.» Und damit geben sie nur wieder, was ihnen dauernd eingetrichtert wird: Den Haushalt schmeisst frau heutzutage dank Miele, Hoover und Meister Proper mit links, und die Kinder sind bestens in Krippen, Horten und an Mittagstischen aufgehoben. Die Frauen sind folglich zu Hause überflüssig und sollen sich gefälligst in den Arbeitsprozess einordnen, statt auf der faulen Haut zu liegen und dem Herrgott den Tag zu stehlen.

Akten ablegen oder Socken sortieren?

Da haben aber alle, die sich gerne am momentan so angesagten Hausfrauen-Bashing beteiligen, die Rechnung ohne die Wirtin bzw. die Hausfrau gemacht. Gemäss Bundesamt für Statistik leben rund 326 000 Vollzeithausfrauen und -männer in der Schweiz, jede dritte Frau mit Kindern unter 15 ist ausschliesslich als Hausfrau tätig – Tendenz steigend. Und jetzt aufgepasst: Sie sind es sehr oft freiwillig. Das Trendbüro Hamburg beispielsweise hat in einer Studie über Selbst- und Idealbilder von Frauen gezeigt, dass viele Frauen dem neuen Typus der Haushaltmanagerin positiv gegenüberstehen. Denn obwohl uns die Medien weismachen wollen, dass es nur so von Superfrauen wimmelt, die scheinbar spielend Beruf, Familie und Haushalt unter einen Hut bringen (und dabei auch noch umwerfend aussehen), wissen viele Frauen aus eigener Erfahrung, dass es im wahren Leben nicht ganz so rosig aussieht. Schaut man nämlich genauer hinter die glänzende Fassade, so entdeckt man schnell da und dort Risse – vor allem aber eine enorme Belastung bei den Frauen. Viele berufstätige Frauen, die auch Mütter sind, stecken in einem gewaltigen Dilemma: Im Beruf dümpelt man, bedingt durch die Teilzeitanstellung, ohne Aufstiegschancen vor sich hin. Schliesslich ist es längst eine Binsenwahrheit, dass, wer nicht 100 oder besser noch mehr Prozent Präsenz zeigt, in der Regel kaum einen Schritt weiterkommt. Jedenfalls bringen Männer genau dieses Argument vor, wenn es darum geht, zugunsten der Kinder beruflich zurückzustecken.

Im Job läuft also karriere- und damit geldmässig wenig oder gar nichts, und zu Hause reicht die Energie der Frau gerade noch aus, um den Haushalt nicht komplett verlottern zu lassen. Die Kinder durchlaufen das Fremdbetreuungsprogramm von der Krippe über den Hort bis zu Mittagstisch und Aufgabenhilfe und lassen sich nur noch blicken, wenn es darum geht, Sack- und Handygeld einzufordern. Und wo wir gerade beim Geld sind: Das bisschen mehr an Einkommen geht dank Ehepaarbesteuerung ans Steueramt, an die Kinderkrippe, die private Tagesschule oder an den Pizzakurier, weil man abends einfach zu erledigt ist, um noch durch den Laden zu hetzen und der Familie ein vollwertiges, gesundes und feines Menü zu kochen. Echte Lebensfreude kommt da langfristig nicht auf, zumal viele Jobs nicht wirklich der Knüller in Sachen Befriedigung, Abwechslung und Anerkennung sind. Aber wer wird denn schon aller Welt auf die Nase binden wollen, dass die Betreuung der Ablage in einem Anwaltsbüro noch öder ist als das Sortieren der Socken nach dem Waschgang?

Kurz: Nicht der Mangel an Kinderbetreuungsmöglichkeiten oder interessanten Jobs lässt die so genannte ‹neue Hausfrau› zu Hause bleiben, so meine Schlussfolgerung, sondern die schlichte Erkenntnis, dass die Dreifachbelastung jede Menge Stress, eher wenig Befriedigung und schon gar keinen Karrieresprung bringt. Schaut man genau hin, bietet die Tätigkeit als Hausfrau und Mutter vergleichsweise sehr viel mehr Gestaltungsmöglichkeiten.

Nun wird man mir vorwerfen, dass ich eine ganz ignorante Schreibtischtäterin bin, weil ja längst nicht alle Frauen nur so zum Plausch und um unter die Leute zu kommen berufstätig sind. Natürlich ist es mir durchaus bewusst, dass viele sich abrackern, weil es halt nicht anders geht: Es braucht zwei Löhne, um überhaupt über die Runden zu kommen, oder der Empfänger des einen, meistens höheren Lohnes hat sich aus dem Staub gemacht, und der allein erziehenden Mutter bleibt es überlassen, die Differenz zwischen den Kinderalimenten und dem tatsächlichen Lebensbedarf auf irgendeine Art und Weise auszugleichen. Unter diesen Umständen, das ist ganz klar, hat man gar keine andere Wahl, als sich nach einer mehr oder weniger einträglichen Einkommensquelle umzusehen. Und dass man nach vier oder acht Stunden im Büro oder hinter der Kasse nicht voller Begeisterung den Kochlöffel schwingt, den Kleinen ‹Hexe Lilly› vorliest und noch schnell die Betten neu bezieht, ist nur zu gut verständlich.

Dreifachbelastung? Nein danke!

Wer aber die Freiheit hat, sich zumindest über eine bestimmte Zeitdauer für den anspruchsvollen Beruf der Hausfrau zu entscheiden, weil der Partner genügend Geld für die ganze Familie verdient – und an diese Frauen wende ich mich hauptsächlich mit diesem Buch –, kann sich glücklich schätzen. All diesen dreifachbelasteten Frauen, die sich freiwillig jeden Tag und manche Nacht ein Bein ausreissen und dennoch nicht genügen, schlage ich vor, endlich aufzuwachen. Es ist an der Zeit, die Superfrau zu Grabe zu tragen. Seien Sie ehrlich zu sich selbst und überlegen Sie sich, in wie vielen Berufen Sie so selbstbestimmt wirken können wie in dem der Hausfrau.

Und allen Hausfrauen, die ihre anspruchsvolle Tätigkeit als ‹Nur-Hausfrau› abwerten, möchte ich Mut machen: Hausfrauen sind doch keine doofen Lieschen, die nur über Kindererziehung und Rezepte reden können (wobei ich persönlich übrigens der Meinung bin, dass die meisten Rezepte mindestens so interessant sind wie der zum fünften Mal aufgewärmte Bürotratsch). Die Hausfrauen von heute sind interessiert und informiert. Sie können organisieren und improvisieren. Sie sind kritische Konsumentinnen und bestimmen, was auf den Tisch kommt und wofür das Geld ausgegeben wird (einzig vielleicht den Kauf des neuen Computers überlassen wir gerne dem Mann, wo er sich doch seit Monaten darauf freut!). Sie sind es, die darüber entscheiden, nach welchen Grundsätzen ihre Kinder aufwachsen, und somit die Generation von morgen prägen. Nicht zu vergessen: Der Beruf der Hausfrau hat nebst viel Arbeit und Verantwortung auch durchaus seine Schokoladenseiten. Und es sind deren nicht wenige. Sie werden sehen!

Hausfrauen sind vielseitiger

To: Gigi
From: Martina
Subject: Hallo!
Hallo, Gigi, hab schon lange nichts mehr von dir gehört. Was macht das Leben so mit dir? Halt mich auf dem Laufenden!
Bis bald, Martina

To: Martina
From: Gigi
Subject: Genial!
Liebe Martina, es gibt mich noch. Ich hatte in letzter Zeit einfach wahnsinnig viel zu tun, das kannst du dir gar nicht vorstellen.
Wir haben alle wie verrückt gearbeitet, um den Werbe-Etat von diesem Schoggi-Riegel-Menschen zu bekommen. Aber es hat sich gelohnt!
Die Präsentation gestern ist super gelaufen, und wir haben sofort den Zuschlag bekommen. Darauf hat uns der Scheff alle zum Essen in die ‹Grüne Ziege› eingeladen und anschliessend sind wir noch durch ein paar Bars gezogen. War richtig schön, auch wenn ich heute total gerädert bin. Sag mal, vermisst du deine Arbeit nicht, so immer nur im Haus?
G.G.

Eine Hausfrau hat es gut, ...

To: Gigi
From: Martina
Subject: He da!
Gigi, meine Liebe, nur damit das klar ist: An Arbeit fehlt es mir nun als Hausfrau wirklich nicht, und die drei Kinder geben ziemlich happig zu tun. Wenn du mir nicht glaubst, kannst du gerne mal am nächsten Wochenende vorbeikommen, dann nämlich, wenn du frei hast – und ich nicht!
Ciao, Martina

To: Martina
From: Gigi
Subject: Hoppla!
Sorry, Martina, ich wollte dir nicht zu nahe treten. Es stimmt sicher, dass du alle Hände voll zu tun hast. Aber trotzdem interessiert es mich, ob du deine Arbeit als Grafikerin nie vermisst. Ich meine, dein Job war doch spannend und kreativ. Ist es nicht schade um deine Qualifikationen, dass du dich jetzt nur noch um Küche und Kinder kümmerst? Übrigens: Herzlichen Dank für die Einladung, das lasse ich mir natürlich nicht entgehen.
Liebe Grüsse, Gigi

To: Gigi
From: Martina
Subject: Komm doch
Liebe Gigi, ich freue mich, dass es für dich beruflich so gut läuft. Auch ich habe die wirklich tollen Momente in meinem früheren Job genossen. Aber machen wir uns nichts vor: Die restlichen 90 bis 95 Prozent der Arbeit waren mehr oder weniger nur der ewig gleiche Trott. All die blöden Sprüche, die ich mir immer anhören musste

... weil sie nie mehr in einem Grossraumbüro voller rauchender Kolleginnen und Kollegen sitzen muss.

(«Das Layout ist irgendwie unsexy – kannst du nicht die Balken um einen halben Zentimeter verlängern?») und dann die Endlos-Sitzungen frühmorgens auf nüchternen Magen ... Und weisst du noch, wie mir Felber, der Depp, eineinhalb Jahre das Leben zur Hölle gemacht hat, als ich – und nicht er – den tollen Arbeitsplatz mit Seesicht (o.k., den See hat man nur erahnen können, wenn man sich ganz in der Ecke auf den Stuhl gestellt hat) bekommen habe? Nein, der ganze Büroärger fehlt mir keine Sekunde. Da lobe ich mir meine selbstbestimmte Arbeit zu Hause. Also, ich erwarte dich am nächsten Samstag so gegen 18 Uhr bei uns. Dann erzähle ich dir bis ins Detail, was ich den ganzen Tag mache, und vieles davon erst noch gerne. Ich freue mich! Martina

Von der Pike auf

Es ist schon erstaunlich: Hausfrauen werden fast so oft beneidet wie bemitleidet. Während die einen ihnen unterstellen, dass sie den ganzen Tag eine superruhige Kugel schieben, weil sie das bisschen Haushalt an eine radebrechende, schwarz arbeitende Putzfrau und die Erziehung und Pflege der Kinder an ein radebrechendes, verschüchtertes Au-pair delegieren, sind andere der Meinung, dass Hausfrauen den ödesten Job der Welt machen, für den jeder nur halbwegs intelligente Mensch überqualifiziert ist.

Beide Ansichten halten sich zwar hartnäckig, werden der Realität aber überhaupt nicht gerecht. Denn wie jede Hausfrau aus eigener Erfahrung weiss, umfasst ihre Tätigkeit eine riesige Bandbreite von verschiedensten Aufgaben, die wohl keine andere Berufsgattung auch nur annähernd erreicht. Und dennoch werden diese Vielfalt und die Fähigkeiten, die es braucht, um sie zu bewältigen, gesellschaftlich viel zu wenig, oft überhaupt gar nicht anerkannt.

Eine wichtige Ursache für das tiefe Prestige dieses Berufes ist meiner Meinung nach das Fehlen einer geregelten und mit Diplom belegten Ausbildung. Heutzutage tobt doch im Ausbildungsbereich eine regelrechte Titelschlacht: Bachelor, MBA, FSP, Master, dipl. oder lic. – irgendwas sollte es schon sein. Und wenn ein Titel fehlt, dann schraubt man notfalls an der Berufsbezeichnung und – schwupp – wird zum Beispiel aus dem Malermeister, der ab und zu mal eine Stunde Berufskunde an der Berufsschule erteilt, ein Dozent! Wer also weder Titel noch hochtrabende Berufsbezeichnung sein Eigen nennt, der ist ein Nichts – oder eben eine Hausfrau.

Sie werden jetzt einwenden, dass es ja Hauswirtschaftsschulen gibt, in welchen man das Rüstzeug zur Hausfrau erwerben kann. Bestimmt lernt man da viel Bemerkenswertes, beispielsweise wann Randen Saison haben, aber nicht, wie man eine Familie rundum versorgt. Es gibt weder eine Lehre, die mit der Prüfung zur eidg. dipl. Hausperson endet, noch ein Studium, das zum Tragen des Titels lic. rer. dom. befähigt. Was man nicht an einer Hochschule – so nennt sich heutzutage praktisch jede Schule, die an die Volksschule anschliesst – lernen kann, das kann nicht viel wert sein, oder?

Dabei hat es einen guten Grund, weshalb man den Beruf der Hausfrau nicht in drei Jahren und auch nicht in zwölf Semestern erlernen kann: Das Tätigkeitsgebiet ist so gross, dass es sich nicht einfach so hopp-dä-Bäse und nach striktem Lehrplan durchackern lässt. Im Leben einer Hausfrau verändern sich die Rahmenbedingungen immer wieder, und Anpassungen daran sind deshalb ständig nötig. Schon allein der

... weil sie den Luxus hat, die Wimperntusche erst dann auftragen zu dürfen, wenn sich das Auge einigermassen entfaltet hat.

Lauf der Jahreszeiten bringt neue Aufgaben mit sich. Und aus einem Baby wird schnell einmal ein Kleinkind und später ein Schulkind, aus einem Zwei-Personen-Haushalt wird ein Drei-, Vier- oder Fünf-Personen-Haushalt samt Hund, Katze und Meerschweinchen und mit ihm entwickeln sich auch die Kompetenzen der Hausfrau weiter. Und schliesslich ist der Beruf der Hausfrau den neuesten sozialen Tendenzen (von Cocooning bis zu Simplify-Your-Life) und technischen Erneuerungen (ciao Glaskeramik-, grüss Gott Induktionsherd) unterworfen.

Den Beruf der Hausfrau lernt man ‹on the job›. Das hat den Vorteil, dass man langsam hineinwachsen kann. Keine 20-Jährige wacht eines Tages auf und hat auf einen Schlag für eine fünfköpfige Familie in einem grossen Haus mit Garten zu sorgen. Nein, die Lehrzeit für diesen Beruf fängt oft bereits im Kindesalter an: Durch die Beobachtung der eigenen Mutter und der Mütter von Freundinnen und Freunden wird schon früh einiges an Wissen absorbiert. Viele Kinder übernehmen ausserdem selbst schon Aufgaben im Haushalt und lernen so, dass diese einen wichtigen Bestandteil zum Leben der Familie beitragen.

Zieht man dann aus dem Elternhaus aus und wohnt in einer WG, merkt man, dass es ganz gut wäre, wenn jeder für einen bestimmten Bereich oder gleich für mehrere zuständig wäre: Einkauf, Kochen, Putzen, Waschen, was auch immer. (Leider wird diese Erkenntnis oft von der ‹Endlich-eine-eigene-Bude-Euphorie› verdrängt – bis einen der leer geplünderte Kühlschrank oder das ungeputzte Klo wieder auf den Boden der Realität bringt.)

Irgendwann kommt es dann zum ersten eigenen Haushalt, den man in alleiniger Regie führt. Zunächst handelt es sich in der Regel noch um ein kleines Aufgabengebiet, das nicht viel Zeit beansprucht. Aber auch hier zeigt sich schnell, ob man die Sache im Griff hat oder nicht. Am Anfang verpasst man vielleicht noch den Waschtag und vergisst den Gang zum Coop, doch spätestens dann, wenn bloss ein schlabbriges T-Shirt vom Open Air Gampel im Schrank hängt und nur noch ein Stück ranzige Butter dem Gurkenglas, das sich nicht öffnen lässt, im Kühlschrank Gesellschaft leistet, ist das Motivation genug, sich etwas besser zu organisieren.

Die Allrounderin am Werk

Im Laufe der Jahre eignet sich die Hausfrau eine Menge Kenntnisse auf den verschiedensten Gebieten an; schliesslich ist sie Erzieherin, Sekretärin, Chauffeuse, Coiffeuse, Raumpflegerin, Köchin und Ernährungsexpertin, Event-Managerin, Buchhalterin, Gärtnerin, Innendekorateurin, Hobby-Handwerkerin, Krankenschwester, Mutter, Gesprächspartnerin und Liebhaberin in Personalunion.

Theoretisches Fachwissen allein genügt also nicht, gefragt sind vor allem auch soziale Kompetenzen. Tag für Tag weiss die Hausfrau sich selber und ihr Team, sprich Mann und Kinder, zu motivieren («Jetzt aber Tempo, sonst könnt ihr was erleben!»). Sie teilt konstruktive Kritik aus («In diesem Aufzug siehst du aus, als wolltest du auf eine 70-Jahre-Kostümparty.») und gibt gut und gerne positives Feedback («So ist es doch schon viel besser, jetzt musst du nur noch das Hemd richtig zuknöpfen.»). Wenn Streit entsteht, versucht sie zu vermitteln, ohne parteiisch zu sein, und die für alle fairste Lösung zu finden. Das verlangt viel Fingerspitzengefühl und grosses Verhandlungsgeschick, wie man es in der Wirtschaft

... weil sie endlich rauchen kann, wann und wo sie will, ohne wie eine Aussätzige behandelt zu werden.

oft nur in Kaderpositionen findet – und leider genauso oft sucht.

Ausserdem ist eine Hausfrau immer auch eine Psychologin. Sie ist das Herz der Familie: Sie kennt die einzelnen Mitglieder am besten und weiss meistens, an welchem Punkt wer steht und wer wann was wieso braucht. Sie ist es, die die Familie zusammenhält, nicht die Putzfrau, die immer donnerstags kommt, nicht der Ehemann und Vater, der den Grossteil seiner Wachzeit bei der Arbeit ausser Haus verbringt. Ihr Handeln und Streben richtet sich danach, für ihre Familie einen Rahmen zu schaffen, in dem sich jedes einzelne Mitglied optimal entfalten kann. Der Partner kann getrost auf Geschäftsreise gehen im Wissen, dass zu Hause auch ohne ihn alles reibungslos – manchmal sogar noch reibungsloser – läuft. Die Kinder fühlen sich sicher und geborgen, weil ihre Mutter als Anlaufstelle verfügbar ist, dann, wenn sie sie brauchen, das heisst von morgens bis abends und nächtens ebenso. (Und natürlich achtet sie darauf, dass die Intensität der Betreuung mit zunehmendem Alter abnimmt, denn sie ist keineswegs interessiert daran, ihrem 25-Jährigen morgens immer noch die frische Wäsche bereitzulegen. Erziehung zur Selbständigkeit, das ist ihr erklärtes Ziel, und nicht das Ausleben des mütterlichen Beherbergungstriebs bis zur Pensionierung des Jüngsten.)

Das alles leistet die Hausfrau nicht aus einer Opferhaltung heraus, sondern weil sie ehrliche Freude daraus bezieht, wenn es allen Mitgliedern der Familie gut geht – und sie tut es auch aus Selbstsucht, weil sie selbst am glücklichsten ist, wenn zu Hause alles rund läuft.

Für diesen anspruchsvollen Beruf sind gewisse Charaktermerkmale äusserst hilfreich. Das merkt man spätestens, wenn man sie nicht hat. Natürlich kann man sich auch als asoziale, cholerische Chaotin mit Hang zur Hysterie Hausfrau nennen (jede von uns kennt mindestens eine Person, auf die diese Beschreibung zutrifft). Die Berufsbezeichnung ist, wie zum Beispiel die des Politikers, leider nicht geschützt. Aber kann man unter diesen Umständen seinen Job gut machen? Ich wage daran zu zweifeln. Bei der Erziehung der Kinder wirkt sich nun mal eine konsequente Haltung günstig auf das Verhalten der Kleinen aus – was wiederum viel Disziplin von der Hausfrau und Mutter verlangt. Sie muss darüber hinaus selbständig arbeiten, Führungsqualitäten an den Tag legen und delegieren können. Daneben sind aber auch so genannte Soft Skills erwünscht (mehr dazu im nächsten Kapitel). Konkret muss sie unglaublich geduldig, kontaktfreudig und kommunikativ sein – und starke Nerven sind ebenfalls von Vorteil.

Den Horizont erweitern

Was ihre Weiterbildung betrifft, muss sich die Hausfrau etwas einfallen lassen. Sie kann sich dabei nicht auf statusträchtige, teure Workshops stützen, deren Finanzierung grosszügigerweise von der Firma übernommen wird. Sie selber ist ja ‹die Firma›. Aber sie kann auf unzählige Kurse von ‹Feng Shui gegen den Gerümpel des Alltags› und ‹Kochen mit M-Budget-Produkten› bis zu ‹Gordon-Training bei Familienzoff› zurückgreifen, die sie bei ihrer Tätigkeit in den Bereichen Haushalt, Kindererziehung und Partnerschaft unterstützen.

Um sich über die neuesten Trends und Entwicklungen zu informieren, gibt es immer mehr Messen, die auf die Interessen von Hausfrauen zugeschnitten sind, wie zum Beispiel die ‹Wohga›, ‹Züspa›, ‹Muba› oder ‹Giardina›. Wer sich an solchen Anlässen nicht über den Tisch ziehen lassen will, muss

... weil sie sich am Bahnhof nicht um das letzte ‹20 Minuten› prügeln muss.

allerdings schon von Anfang an wissen, was er will (einen Steamer), damit er nicht mit dem Falschen nach Hause kommt (einem Whirlpool, zu dem es gratis einen Steamer gab). Aber im Einhalten von eigenen Vorgaben sind Hausfrauen an sich eisern, und wenn sie trotzdem über die Stränge schlagen, dann nur, weil die Whirlpool-Steamer-Kombi ein wirkliches Schnäppchen ist mit einem grossen Nutzwert für die ganze Familie.

Fachbücher und Magazine tragen ebenfalls dazu bei, dass die Hausfrau immer auf dem neuesten Stand bleibt. Was für den VW-Touran-Fahrer die Zeitschrift ‹Classic Cars› ist, ist für die Hausfrau die Zeitschrift ‹Elle Décoration›: nicht wirklich realistisch, aber schön zum Angucken. Andere Fachzeitschriften haben einen höheren Nutzwert, von der ‹Saisonküche› über ‹Wir Eltern› bis zu ‹Die Tierwelt›. Sie stecken voller Anregungen, die man umsetzen kann – oder auch nicht. Denn das ist das Gute an diesem Beruf: Es herrscht, anders als in der restlichen Berufswelt, kein echter Zwang, sich weiterzubilden. Man kann es tun oder sein lassen. Das selbst gedrehte Sushi aus ‹Salz und Pfeffer› ist zwar lecker, aber die Käsewähe mit Speckwürfeli, die man in unveränderter Form seit 15 Jahren auf den Tisch bringt, ist immer noch der Hit.

In Sachen neue Inputs viel wichtiger als Kurse, Messebesuche und Fachliteratur ist für die Hausfrau der Austausch mit Berufskolleginnen an regelmässigen Sitzungen, von Laien oft despektierlich ‹Kaffeekränzli› genannt. In einer ungezwungenen Atmosphäre findet ein Informations-Transfer statt, von dem letzten Endes die ganze Familie profitiert. Ein grosser Vorteil dieses geschützten Rahmens ist, dass man keine Angst vor ‹falschen› Fragen zu haben braucht. In einem professionellen Kreis darf jede Frage und Sorge geäussert werden und stösst auf offene Ohren und mitfühlende Herzen.

Denn ein Charaktermerkmal, das bis jetzt noch nicht erwähnt wurde, ist den allermeisten Hausfrauen gemein, und seien sie sonst noch so verschieden: Sie sind hilfsbereit. Diese Hilfsbereitschaft kann und soll angezapft werden. Wer heute der Nachbarin hilft, kann morgen auch auf deren Hilfe zählen. Eine Hand wäscht die andere, Hauptsache, am Schluss sind alle sauber.

Seid nett zueinander

Ein grosser Vorteil am Beruf der Hausfrau ist die Tatsache, dass Mobbing sozusagen inexistent ist. Und das ist Gold beziehungsweise Geld wert. So verzichtet man doch relativ leichten Herzens auf den Zahltag, wenn man dafür nicht gequält wird. Gemäss einer Umfrage, die das Online-Stellenportal stellenanzeigen.de im Jahr 2005 unter 4500 Beschäftigten durchgeführt hat, klagen 61 Prozent der Arbeitnehmer und -nehmerinnen darüber, mit Mobbing Erfahrungen gemacht zu haben! Panikattacken schon am Sonntagabend beim blossen Gedanken an die miese Stimmung im Grossraumbüro? Kennen Hausfrauen nicht! Schweissausbrüche vor einer Präsentation, weil man weiss, dass der fiese Kollege nur auf einen kleinen Fehler wartet, auf dem er dann vor den Augen aller herumreiten kann wie einst John Wayne auf den trockenen Weiden des Wilden Westens? Kennen sie nicht! Angst, dem ruppigen Chef unter die Augen zu treten? Kennen sie gottlob nicht! Wenn ihnen, sagen wir mal, der Metzger frech kommt, kaufen sie einfach woanders Schnitzel und Aufschnitt – und erzählen es erst noch dem ganzen Dorf.

Klar, auch sie kriegen ab und zu einen Dämpfer, wenn zum Beispiel der Besuch der fiesen kleinen Schwester ansteht, die den Fünfgänger verschmäht, weil sie seit 24 Stunden radikale Veganerin ist und nicht einmal mehr das Tiramisù zu sich nimmt. Aber die doofe Kuh brauchen Sie zum Glück nicht jeden Werktag zu ertragen, denn die zieht nach spätestens vier Stunden weiter – und Ihnen bleibt erst noch deren Tiramisù-Portion!

Logisch, auch Hausfrauen messen sich an ihren Kolleginnen. Das kann sogar einen unausgesprochenen Wettbewerb anstacheln: Wer hat die schönsten Oleander? Wer hat die saubersten Vorhänge? Wer hat den originellsten Briefkasten? Statt sich zu nerven oder vor Neid zu erblassen, können einen diese Vergleiche mit den Leistungen der Freundinnen und Nachbarinnen aber auch selber zu grossem Schaffensdrang antreiben, im Sinn von: «So, jetzt mache ich aus dem voll gestopften Kellerabteil eine Sauna-Landschaft.»

Man sieht den Vergleich mit den Kolleginnen als eine Art Anreiz, ähnlich wie zum Beispiel ein hübsches Kleid dazu motivieren kann, auf die Schnelle zwei Kilo abzunehmen. Aber dieser Wettbewerb ist in der Regel völlig harmlos, und das Beste daran ist, dass man sich jederzeit daraus ausklinken kann, wenn einem danach ist. Die anderen ebenso inoffiziellen Wettbewerbsteilnehmerinnen werden es kaum merken. Früher oder später kehrt jede kluge Hausfrau zu ihrem eigenen Tempo und ihren eigenen Prioritäten zurück – lässt sich von niemandem die Hölle heiss machen und nimmt die zwei Kilo wieder zu. Diesen Luxus kennen Angestellte unter ständigem Konkurrenzdruck nicht.

Wenn es überhaupt je zu Mobbing kommt, dann von Seiten des eigen Fleisch und Blut. Kinder im Teenageralter können sich ihren Müttern gegenüber ganz schön fies benehmen. Das ist ein eher düsteres Kapitel in der – unterm Strich – meistens recht erbauenden Eltern-Kind-Beziehung. Aber dagegen kennt die erfahrene Hausfrau ein superwirksames und erst noch für sie bequemes Heilmittel: Sie verweigert für eine gewisse Zeit jegliche Arbeitsleistung. Ein paar Tage Wellness-Urlaub im Tirol oder ein längerer Besuch bei einer lieben Freundin am Thunersee tut jeder Hausfrau gut – und den daheim gebliebenen renitenten Teenies erst recht. Denn spätestens wenn das geliebte Xavier-Naidoo-T-Shirt immer noch im Wäschekorb gammelt, statt frisch gewaschen und fein gefaltet im Schrank für den Samstagabend-Ausgang bereitzuliegen, werden sie ihr schlechtes Benehmen ihren Müttern gegenüber bitterst bereuen! Oder im besten Fall selbst Hand anlegen, was sie erziehungstechnisch wieder einen grossen Schritt weiterbringt.

Das Superhirn

Wenn Hausfrauen trotz aller der bis hier beschriebenen Leistungen und Vorteile dennoch vom Rest der Gesellschaft oft belächelt werden, dann häufig, weil ihnen mangelnde Intelligenz unterstellt wird. Ihr Aufgabengebiet ist nicht so anspruchsvoll, das kann doch jeder Depp. Jeder Depp? Nicht wirklich. Oder lassen Sie mal Ihren Gatten eine Zeit lang (mit Betonung auf lang) alleine für Haushalt, Hund und Nachwuchs sorgen, dann werden Sie merken, dass es häufig nicht reicht, Seniorpartner in einer erfolgreichen Anwaltsfirma zu sein, um allen Aufgaben der Hausfrau gewachsen zu sein. Ist nicht ganz fair, das zu erwarten, das gebe ich gerne zu. Schliesslich hat sich die Hausfrau ihr profundes Wissen innerhalb von langjährigen Trial-and-Error-Verfahren unter grösstem persönlichen Einsatz angeeignet. Das kann man nicht von jedem angeheirateten Mann einfach so erwarten.

Aber kommen wir wieder auf die intellektuelle Beschränktheit zurück, die so vielen Hausfrauen vorgeworfen wird. Wer dieses Klischee ersonnen hat, hat doch keine Ahnung vom wirklichen Leben: Hausfrauen sind oft von Kindern umgeben, und wenn es eine echte geistige Herausforderung gibt, dann sind es zum Beispiel die ständigen Fragen des Nachwuchses. Im Geschäft fragt einen in der Regel kein Mitarbeiter unvermittelt vor versammelter Runde: «Sagen Sie einmal, Herr Huber, welcher Planet hat eigentlich mehr Monde, Jupiter oder Saturn?», oder: «Was glauben Sie, Herr Bänz, woran ist Tutanchamun denn gestorben?» Und wenn die Kinder grösser werden und aus dem so genannten Frögli-Alter herauswachsen, stehen immer noch die anspruchsvollen Diskussionen über Gott und die Welt an. Konkret: Warum muss das Brangelina-Baby unbedingt in Afrika zur Welt kommen, was fehlt Hakan Yakin zum wirklich grossen Fussballspieler und weshalb finden Moslems Karikaturen über Mohammed überhaupt nicht lustig? Alle diese Fragen und Gespräche halten geistig rege und erweitern den intellektuellen Horizont. Einen grossen Anteil dazu tragen die Hausaufgaben der Kinder bei. Hausfrauen wissen, dass der ggT und das kgV keine Parteien aus dem Osten sind und dass ‹cum› (lat.) den Ablativ verlangt. Und wenn es darauf ankommt, können sie sogar mehrere unregelmässige französische Verben konjugieren – von den regelmässigen ganz zu schweigen.

Um ihren Wissensstand konstant hoch zu halten, informieren sich Hausfrauen kontinuierlich. Sie schauen nicht nur regelmässig Nachrichten im TV, sie nehmen auch jeden Tag die Zeitung in die Hand und geben sich dabei nicht nur mit der ‹Unfälle und Verbrechen›-Seite ab. Und weil sie öfter als ihre Männer die lokalen Blätter lesen, wissen sie nicht nur, dass in Bagdad schon wieder eine Bombe hochgegangen ist, sondern auch, dass im Nachbardorf für die irakischen Kinder gesammelt wird.

Und: Ohne Hausfrauen gäbe es keine Diskussion über die Buchpreisbindung, weil es nämlich keine Bücher mehr gäbe, da sie keine(r) mehr lesen würde. Wollen Sie Hausfrauen treffen (und nach der Lektüre dieses Buches werden das hoffentlich viele wollen), dann gehen Sie in eine Bibliothek oder eine Buchhandlung.

Aber nicht nur die Buchwelt profitiert von ihnen, auch viele kulturelle Anlässe beziehen ihre Daseinsberechtigung aus dem Interesse der Hausfrauen. Im Theater sind sie oft die Einzigen, die mehr als den ersten Akt bei vollem Verstand erleben, während ihre Gatten psychisch und physisch ermattet ob der geistigen Herausforderung neben ihnen dösen. Von Oper und Ballett ganz zu schweigen. Hier wird die hausfräuliche Begeisterung für den dargebotenen künstlerischen Ausdruck hauptsächlich noch von schwulen Männern geteilt – aber das ist wieder ein anderes Thema. Oft beschränkt sich jedenfalls das kulturelle Interesse der heterosexuellen Männer auf das Studieren des Kinoprogramms («Super, endlich kommt die zweite Folge von ‹Kill Bill› in die Kinos!») und auf das Auflegen der alten ‹AC/DC›-Platten. Eine Hausfrau hingegen kennt das ganze aktuelle musikalische Spektrum von ‹Green Day› über ‹50 Cent› bis zu ‹Seeed›, da sie durch die Kids ständig auf dem Laufenden ist, was musikmässig bei der Jugend gerade angesagt ist.

Also, seien Sie weise und unterschätzen Sie nie eine Hausfrau. Vor allem dann nicht, wenn Sie selbst eine sind.

... weil sie nicht mehr an öden Endlos-Sitzungen teilzunehmen braucht.

Hausfrauen sind kreativer

To: Martina
From: Gigi
Subject: Die Wahrheit und nichts als die Wahrheit
Liebe Martina
Wir hatten heute wieder mal eine richtig mühsame Diskussion über die Art und Weise, wie wir diesen blöden Schoggi-Riegel bewerben sollen. Da kamen die wildesten Ideen, aber meiner Meinung nach taugen die einfach nichts. Jetzt möchte ich deshalb von dir als echtem Schoggimaul die Wahrheit wissen, denn du bist doch der total pragmatische Typ. Also bitte, sei jetzt brutal ehrlich und beantworte mir die folgende Frage: Weisst du bei jedem Werbespot, der dir den spannenden Film vermiest, wofür der wirbt?
Gigi (neugierig)

To: Gigi
From: Martina
Subject: Werbung stört
Also, Gigi, ganz ehrlich: Meistens weiss ich es nicht – UND WILL ES AUCH GAR NICHT WISSEN! Erst wird mir der Film dauernd durch aufdringliche Spots unterbrochen, und dann ist auch noch einer nerviger als der andere. Wenn ich diese doofe Göre mit ihrem Fruchtjoghurt nur schon höre, wie sie rumkreischt (MIXAAAAAAAAAA), bekomme ich Ausschläge. Und wie wenn das noch nicht genug wäre, werden sämtliche Spots so alle 10 Minuten wiederholt – ein echter Ablöscher. Ich frage mich schon manchmal, was die Auftraggeber der Werbespots sich so überlegen. Eigentlich müsste man doch meinen, die wollen

was verkaufen, oder? Da ist mir die Werbung in den Heftli schon lieber, die kann ich einfach überblättern.
Martina

To: Martina
From: Gigi
Subject: Ganz recht
Ja, Martina, jeder will noch kreativer, noch schräger sein als der andere – und da kommt natürlich nicht viel Brauchbares raus. Es geht gar nicht mehr um das Produkt, sondern hauptsächlich um die Selbstverwirklichung. (Und eines Tages drehen sie durch und schreiben in der Psychiatrischen ihre Memoiren: ‹Mein Leben als Slipeinlage› oder so ähnlich.) Und überhaupt: Seit sich jeder Chefgrafiker Art Director nennt, müssen wir auch noch deren kreativen Ergüsse ertragen – du weisst schon, ‹gestalteter Weissraum› und so – dabei sind sie einfach nur zu faul, um ein paar Bilder zu ordern.
Herzlich, Gigi

To: Gigi
From: Martina
Subject: Nicht mit mir
Stimmt. Da hängen sie die Oberkreativlinge raus und meinen, sie könnten uns doofe Hausfrauen mit jedem Mist ködern. Der Gipfel ist die Werbung mit dem Shampoo (weiss nicht mal welches, aber das ist den Werbern ohnehin egal), das frau in orgiastisches Stöhnen ausbrechen lässt. Oder all die vielen Heile-Familie-Werbespots, in welchem das viel zu junge, hübsche Mami dem aufgeweckten Junior und seiner jüngeren, noch herzigeren Schwester irgendwas zum Naschen anbietet. Und natürlich handelt es sich

... weil sie sich nicht die immergleichen drögen Sprüche des Arbeitskollegen anhören muss.

dabei nicht um gewöhnlichen Süsskram, sondern es steckt ein kleines Schnitzel oder jede Menge Milch oder sonst was drin. Also wirklich, das ist schon so schwachsinnig, dass man nur darüber lachen kann.
Martina, die dumpfe Hausfrau

To: Martina
From: Gigi
Subject: Mit mir leider schon
*Ach, Martina *seufz*, du hast gut lachen, denn du musst dich nicht mehr mit der alles entscheidenden Frage ‹Wie bringe ich bloss ein weiteres überflüssiges Produkt an den Mann oder die Frau?› herumschlagen.*
Und weil uns hier je länger, je mehr die Antworten dafür ausgehen, schleppt man uns jedes Jahr erneut in einen dieser grässlichen Team-Kurse, wo die Kreativität nur so sprudeln soll, dabei ist das Einzige, was wirklich sprudelt, das Bier, aber das in rauen Mengen.
Prost! Gigi

Manager mit Herz?

Wissen Sie, was man unter ‹Soft Skills› versteht? Neinnein, das sind keine besonders gemütlichen Pantoffeln mit Pelzapplikationen für kalte Winterabende. Und selbst wenn es danach tönt, es sind auch keine weichen Einlagen für Bügel-BHs, um aus einem A-Körbchen zumindest optisch ein B-Körbchen zu zaubern. Und ebenso wenig handelt es sich um kleine rosa Wattebäuschchen, die bereits getränkt sind mit Augen-Make-up-Abschminke. Soft Skills ist ein Ausdruck aus der Phrasendreschmaschine der Manager und bedeutet ‹weiche Fähigkeiten›. Weich, weil sie im Gegensatz zu den Hard Facts, sprich zu den harten Fakten wie Diplome, Einkommen usw., nicht messbar und damit nicht objektiv sind. Gemeint ist im Wesentlichen das Wissen um den Umgang mit Menschen und Entscheidungen.

Der Intelligenz-Quotient (eine ohnehin umstrittene Grösse, angesichts der Tatsache, dass beispielsweise Terminator Nöldi Schwarzenegger auf glatte 135 Punkte kommt) ist heutzutage längst nicht mehr das Mass aller Dinge. Viel wichtiger sei, was die Karriere anbelangt, der Grad der emotionalen Intelligenz EQ. Das zumindest wird behauptet. EQ ist eine Art Sammelbegriff für Fähigkeiten, welche den Umgang mit eigenen und fremden Gefühlen betreffen. Erfunden wurde der Begriff erst 1990, aber natürlich nicht mit dem Ziel, ein bisschen mehr Herz ins raue Betriebsklima zu bringen, sondern aufgrund der Erkenntnis, dass sich Emotionen stark auf die Leistung einer Person auswirken können. Und, das ist das Gute an der EQ im Gegensatz zum IQ: Emotionale Intelligenz und damit auch die Soft Skills können trainiert werden. Wer heutzutage eine Führungsposition anstrebt, kommt also nicht drum herum, zumindest ansatzweise die Stimmungen und Stimmungsnuancen seiner Mitarbeiter und Untergebenen in spe wahrzunehmen (was er dann daraus macht, das steht auf einem anderen Blatt). Damit allein ist aber der Erfolg noch nicht garantiert. Es braucht auch Intuition, Kreativität und mentale Stärke – und noch allerhand mehr, wenn man all den vielen Karriereratgebern Glauben schenken will.

Grundlage für die Bildung und Entwicklung der Soft Skills ist die Achtsamkeit – ein weiteres Wort, das sich aus der Betroffenheitsecke zur Manager-Worthülse gemausert hat. Auch die kann man wie die anderen ‹weichen› Fähigkeiten

… weil sie bei der Arbeit ‹Richterin Barbara Salesch› gucken oder Alphavilles ‹Greatest Hits› laut hören darf.

lernen, indem man ein mehr oder weniger abenteuerliches Training aus dem grossen Gebiet der Persönlichkeitsentwicklungskurse auswählt. Soll der Teamgeist geschult werden, hetzt man die angehenden Manager zum Beispiel über selbst gebastelte Seilbrücken. Zur Förderung der Selbstmotivation spazieren sie dazwischen über glühende Kohlen, und wer die ganz grosse Herausforderung sucht, der macht ein Survival-Training im afrikanischen Busch.

Wer jetzt aber glaubt, Soft Skills könnten nur in exotischer Umgebung mittels ungewohnter Aufgaben erlernt werden, liegt meiner Meinung nach falsch. Ich behaupte: Das kann man einfacher haben. Statt im feindlichen Urwald ums Überleben zu kämpfen, könnten Manager ihre Fähigkeiten doch in einem Intensiv-Indoor-Programm in einem ganz gewöhnlichen Haushalt mit, sagen wir, zwei Kindern im schwierigen Alter (also in irgendeinem Alter) absolvieren – und dafür fürstlich bezahlen. Um nämlich die Arbeit einer Hausfrau und Mutter einigermassen ordentlich erledigen zu können, braucht es jede Menge der typischen Soft-Skill-Eigenschaften wie Belastbarkeit, Durchsetzungs- und Einfühlungsvermögen sowie ein hohes Mass an Flexibiliät.

Überleben im Haushalt

Wer belastbar ist, behält auch in Stresssituationen einen kühlen Kopf und arbeitet selbst unter Zeitdruck qualitativ hochwertig. Das können Manager im Haushalt sehr gut üben, indem sie beispielsweise ein perfektes Drei-Gang-Menü für die zwölfköpfige Verwandtschaft kochen, gleichzeitig dem Jüngsten das Passé composé erklären und dazwischen kurz verschwinden, weil sie festgestellt haben, dass die Eierschwämmli für die Sauce fehlen.

Belastbar zu sein, bedeutet aber ebenso, Niederlagen verkraften, die Zähne zusammenbeissen und dabei immer noch eine gewisse Contenance wahren zu können. Diese Fähigkeit ist gefragt, wenn das Soufflé, mit dem Sie alle beeindrucken wollten, nicht nur zusammenfällt, sondern auch nach nichts schmeckt und Sie zu allem Überfluss noch blöde Bemerkungen aus der Schwägerinnen-Ecke anhören müssen. Und trotz alldem bleiben Sie cool und souverän, ohne sich etwas von Ihren Mord-Gedanken anmerken zu lassen.

Unverzichtbar ist im Weiteren das Durchsetzungsvermögen: Man arbeitet zielgerichtet auf ein bestimmtes Ergebnis hin und erreicht es selbst unter allerwidrigsten Umständen. Dazu braucht man den Willen, sich gegen Widerstände zu behaupten, muss Angst und Unsicherheit überwinden können und beharrlich sein. Und man muss bereit sein, Konflikte durchzustehen.

Für das praktische Beispiel schicken wir den Manager in die Waschküche – der Zankapfel Nummer eins in Mehrfamilienhäusern. Dort hat sich mal wieder die Nachbarin breit gemacht, obwohl gar nicht ihr Waschtag ist. Beide Waschmaschinen sind besetzt, und den Trockenraum hat sie bereits mit ihren extrem hässlichen Duvetbezügen (weisse Pferde mit wehenden Mähnen auf mitternachtsblauem Grund) belegt. Auf ihre freundliche, aber bestimmte Intervention reagiert die Nachbarin schnippisch und ist nicht bereit, das Feld bzw. die Waschküche zu räumen. Jetzt heisst es durchhalten, freundlich bleiben, mit der Verwaltung drohen – und es auszuhalten, dass die Nachbarin einen die nächsten sechs Monate nicht mehr grüsst und überall verbreitet, man sei ein pingeliger Kleingeist. (Und wenn es eine ganz bösartige Person ist, wird sie noch hinzufügen, dass es sie nicht wundert, dass der Ehemann fremdgeht ...) Das ist dann wirklich schlimm, dagegen sind doch ein paar Blutegel im bolivianischen Sumpf ein Klacks, oder?

Das Einfühlungsvermögen ist eine weitere Fähigkeit, die es im Grunde für alle sozialen Vorgänge braucht – auch im Geschäftsleben. Gemeint ist damit die Fähigkeit, auf Gedanken, Gefühle und Ziele anderer einzugehen. Profis in Sachen Einfühlungsvermögen können gut zuhören, stellen die richtigen Fragen und wissen Signale der Körpersprache zu deuten.

Unsere Kursteilnehmer dürfen zum Üben dieser Fähigkeiten für einmal die Mutter- bzw. Vaterrolle übernehmen. Und zwar geht es darum, dass die 12-jährige Tochter, komplett in Tränen aufgelöst, aus der Schule nach Hause kommt und sich sogleich in ihrem Zimmer verbarrikadiert. Als verantwortungsbewusstes Mami bzw. treu besorgter Papi machen sich unsere Manager Gedanken ums Wohlergehen des Kindes. Sie gehen zur Zimmertür und stellen gekonnt ein paar Fragen – selbstverständlich genügend laut, um ‹Tokio Hotel› zu übertönen – und finden schliesslich heraus, dass die Tochter weder von der Schule geworfen noch auf dem Heimweg vergewaltigt wurde, sondern dass der Stevie aus der Parallelklasse, in den sie unsterblich verliebt ist, statt mit ihr mit ihrer besten Freundin sein Red Bull geteilt hat.

Motiviert, flexibel und mobil

Ob im Job oder im Haushalt, es gibt immer jede Menge unattraktive und langweilige Arbeiten, die erledigt werden müssen. Entscheidend ist, dass man sich dazu motivieren kann.

Zum Motivationstraining schicken wir jetzt die Manager in die Dusche, allerdings nicht zum Duschen, sondern zum Entkalken der Fugen zwischen den Plättli und zum ausgiebigen Reinigen der Duschwand. Das ist hart, wirklich hart, und wer das durchgestanden hat, hat die Aufnahmeprüfung in die nächste Kategorie geschafft: das Abstauben der 300-teiligen Zinnfiguren-Sammlung inklusive Reinigung der Vitrine. Wer selbst diese Hürde schafft und voll motiviert den Staubwedel schwingt, der wird auch im Berufsleben einen 150-seitigen Bericht zum Thema ‹Analyse verschiedener Konzepte zur adäquaten Mitarbeitermotivation mit besonderer Berücksichtigung der Gesundheitsprävention› (mit anderen Worten: In welchen Räumen darf in Zukunft noch gequalmt werden?) ohne Motivationsprobleme bewältigen.

Eine ganz wichtige Anforderung an den erfolgreichen Manager ist die Flexibilität. Diese bezieht sich einerseits auf die räumliche Mobilität: Wer Karriere machen will, der muss bereit sein, seinen Arbeitsplatz zu wechseln wie andere die Autobahnvignette – egal, ob er erst gerade ein Eigenheim gekauft und die Kinder eingeschult hat oder nicht. Notfalls heisst das für den Arbeitnehmer, dass er den Hauptteil seiner Freizeit entweder im Zug oder auf der Autobahn im Stau verbringt.

Flexibilität bezieht sich anderseits auf die Bereitschaft, sich ungewohnten Situationen auszusetzen und jederzeit offen für Neues zu sein. Das kann bedeuten, dass man ständig umdenken und jederzeit auch geistig mobil sein muss. Im richtigen Leben heisst das zum Beispiel, dass man als Ehefrau eines begeisterten Hobbyfussballers am Sonntagmittag zufällig erfährt, dass dieser am Abend seine Vereinskollegen zum gemeinsamen Fussball-WM-Ausscheidungsspiel-Gucken einge-

... weil sie einen richtig guten Kaffee bekommt – und das auch ausserhalb der Pause.

laden hat. Also verzichtet man auf den Sonntagsspaziergang und plündert Kühlschrank und Vorratsschränke nach Zutaten für eine ordentliche Menge an feinen, aber sättigenden Häppchen für den TV-Abend. Dabei übersieht man nicht, dass der Kühlschrank ausser einer Flasche Cranberries-Saft (gut für die Blase) und einem Liter Milch rein gar nichts zum Trinken zu bieten hat, und schickt den Hobby-Fussballer-Ehemann noch schnell zum Tankstellen-Shop, um für genügend Bier zu sorgen.

Organisationstalent ist eine weitere Fähigkeit aus dem ‹Soft Skills›-Katalog. Ein Haushalt hat, wie so vieles andere, die Tendenz, im Chaos zu versinken – und Männer, allfällige Kinder, Hunde und Katzen unterstützen diesen Prozess nach Kräften. Wer also keine Ordnung hält, wird schnell einmal den Überblick verlieren – und das weiss die schlaue Hausfrau. Aufräumen ist deshalb ein wesentlicher Teil der Haushaltführung, denn nur so findet man innert nützlicher Frist den Garantieschein zum neuen CD-Player, der keinen Ton mehr von sich gibt.

Wer die vielfältigen Anforderungen in einem gepflegten Haushalt unter einen Hut bringen will, braucht einiges an Organisationstalent. Schliesslich will man die täglich anfallenden Arbeiten möglichst effizient erledigen, um einerseits kein Chaos in Form von Wäschebergen, Geschirr- und Zeitungsstapeln entstehen zu lassen, anderseits aber noch genügend Zeit zur Verfügung zu haben für die schöneren Arbeiten wie beispielsweise Kochen oder die Wohnung dekorieren.

Um das alles zu trainieren, schicken wir die Manager diesmal nicht in einen fremden Haushalt, sondern geben einfach ihrer eigenen Putzfrau ein paar Wochen Ferien. Jetzt können die angehenden CEOs zeigen, was in ihnen steckt, und vor allem, wie es um ihr Organisationstalent steht. Schaffen sie es, ihren Haushalt ohne fremde Hilfe – auch nicht mit derjenigen von Freundin, Schwester oder Mutter – in den Griff zu bekommen, dann darf man ihnen guten Gewissens einen 6er in Sachen Organisation in ihr ‹Soft Skill›-Diplom schreiben.

Der Haushalt, ein Think Tank

Die fundamentalste Kompetenz aber ist die Kreativität. Kreativität ist zu einem Schlüsselbegriff in unserer heutigen Zeit geworden. Kaum ein Gebiet im täglichen Leben, in welchem man nicht damit konfrontiert wird: bei der Wahl eines Geburtstagsgeschenkes, bei der Auswahl der Blumenzwiebeln für die Gartenbepflanzung, bei der Organisation des Betriebsfests, beim Zusammenstellen eines Menüs, beim Vereinfachen von Arbeitsvorgängen, bei der Aufgabenbewältigung im Job usw. usf. Unter Kreativität versteht man heutzutage nämlich nicht mehr nur künstlerische Tätigkeiten wie zum Beispiel Aquarellmalen, Töpfern oder Bildhauern, sondern ganz allgemein Strategien zur Lösung aller möglichen Probleme, die einem das Leben so stellt. Ungewöhnliche Denkmuster und eigene Ideen sollen einem den Weg aus scheinbar ausweglosen Situationen weisen.

Gerade in der Wirtschaft setzt man sehr auf kreative Mitarbeiter, um konkurrenzfähig zu bleiben. Wer sich einen Markterfolg sichern will, der muss sich was einfallen lassen, denn bei der Überfülle an Waren, die uns hierzulande feilgeboten werden, braucht es schon einiges, um noch aufzufallen. Die Krönung der unternehmerischen Kreativität ist es, eine Idee in einen Markterfolg umzusetzen. Dafür gibt es verschiedene Techniken wie Mindmapping (einfach mal auf-

... weil sie sich beim ersten frühlingshaften Sonnenstrahl im Bikini auf den Balkon legen kann.

schreiben, was einem einfällt) oder Brainstorming (einfach ausplaudern, was einem einfällt). Und wem gar nichts einfällt, der besucht einen Kurs für Kreativitätstechniken, um die angeblich in uns allen schlummernden kreativen Kräfte zu wecken. Wenn das alles nichts hilft, dann wendet man sich an einen so genannten Think Tank, also eine Art Ideenschmiede, wo sich Menschen gegen Geld kreative Ideen einfallen lassen.

Für eine Hausfrau ist ein Think Tank kein Thema oder besser: ihr ganzer Haushalt ist ein solches ‹Denkgefäss›. Wo sonst als in einem Haushalt stehen fast minütlich Probleme an, die geradezu nach einer kreativen Lösung schreien? Es ist einiges an Einfallsreichtum gefragt, will man mit den alltäglichen oder manchmal aussergewöhnlichen Anforderungen fertig werden: Wie beispielsweise bringt man eine Katze ohne Gewalt und ohne blutig gekratzte Hände in die Katzentransportkiste? (Lösung: Man zieht Gartenhandschuhe an, hält die Katze fest und hebt sie mit dem Hinterteil voran ins ungeliebte Körbchen.) Wie glättet man Küchentücher, wenn das Bügeleisen defekt ist? (Lösung: Man faltet sie sauber zusammen, legt sie in einen Plastiksack und dann unters Auto. Beim Drüberfahren werden sie schön flach. Oder man legt sie ungebügelt, dafür besonders sorgfältig gefaltet in den Küchenschrank.) Und wie wird man Partygäste los, die nicht mehr gehen wollen? (Lösung: Man fragt laut und deutlich: «Wer möchte noch einen Kaffee VOR DER HEIMFAHRT?»)

Nach dem alten Motto ‹Übung macht die Meisterin› können viele Hausfrauen auf ihre langjährige Erfahrung in Sachen Problembehebung zurückgreifen und so immer schneller immer bessere Lösungen finden. Und weil Haushalte in der Regel im Gegensatz zu Unternehmen nicht in Konkurrenz zueinander stehen, dürfen Hausfrauen auch auf die Kreativität ihrer Berufskolleginnen zählen. Der rege Austausch von Tipps und Tricks gegen die alltäglichen Katastrophen gehört für Hausfrauen ebenso dazu wie die Bereitschaft, mal mit zwei Eiern oder irgendetwas anderem auszuhelfen.

Hausarbeit als Jobtraining?

Familienarbeit macht topfit für die Arbeitswelt, behaupten Expertinnen, um potenziellen Arbeitgebern Wiedereinsteigerinnen schmackhaft zu machen. Und es stimmt ja auch: Hausfrauen eignen sich im Laufe der Jahre zahlreiche Kompetenzen an. Diese reichen von Terminplanung über Koordination, Organisation bis zu Gestaltung, Verwaltung, Problemlösungskompetenz und Konfliktbewältigung. Sie verfügen also über viele ‹weiche Fähigkeiten›, die angeblich so gefragt sind auf dem Arbeitsmarkt.

Den Arbeitgebern ist das allerdings ziemlich egal. Bei mehrjährigem Berufsunterbruch stufen sie Hausfrauen als schlicht ‹weg vom Fenster› ein – Soft Skills hin oder her. Das macht aber nichts, denn auch die Hausfrauen kratzt das Desinteresse wenig bis gar nicht. So existieren gemäss der Zeitschrift ‹der arbeitsmarkt› wiedereinsteigende Arbeitssuchende statistisch gesehen fast gar nicht. Sie machten 1998 nämlich gesamtschweizerisch nur gerade drei Prozent aus.

PS: Um nochmals auf die Managertrainingskurse zurückzukommen: Im Idealfall führt dieses Training zu einem Karrieresprung. Wenn nicht, dann kann mann seine hart erworbenen Soft Skills zumindest im trauten Heim im Umgang mit Frau, Kind und Haustier einfliessen lassen, nicht?

... weil sie sich nie um einen Firmenparkplatz streiten muss.

Hausfrauen sind gesünder

To: Gigi
From: Martina
Subject: Gehts besser?
Liebe Gigi
Du hast aber gar nicht fröhlich geklungen gestern am Telefon. Ist es wirklich so schlimm mit den Schmerzen? Vielleicht solltest du mal zum Arzt, ist doch nicht normal, dass eine knackige Mittdreissigerin jammert wie eine Grossmutter nach einem Sturz auf der Kellertreppe.
Liebe Grüsse, M.

To: Martina
From: Gigi
Subject: Alles tut mir weh
Liebe Martina
Ich weiss kaum noch, wie ich mich bewegen soll, mir tut jeder Knochen weh. Logo, ich bin selber schuld, stundenlang sitze ich wie angeklebt in langweiligen Sitzungen, und wenn die dann endlich vorüber sind, höckle ich ein paar weitere Stunden vor dem Compi. Und dann ab ins Auto und heim, wo ich vor lauter Rückenschmerzen nur noch vor der Glotze liegen kann.
Dieser Job macht mich noch fertig. «Warum bewegst du nicht deinen Hintern?», wirst du mich jetzt bestimmt fragen. Jaja, Recht hast du, mehr Bewegung, das ist es, was ich brauche. Aber erstens bin ich dazu einfach zu faul, und zweitens: Gibt es was Öderes als das Rennen auf dem Laufband im Fitnesscenter?
Ja, gibt es: Der Stepper ist fast noch schlimmer. Und vom

Rudergerät wollen wir schon gar nicht reden. Nun denn, ich nehme jetzt eine Schmerztablette und hau mich aufs Ohr. Schlaf gut!
Gigi

To: Gigi
From: Martina
Subject: Raus an die Luft!
Also, Gigi, ich will dir nicht zu nahe treten (stimmt nicht, eigentlich will ich), aber hast du dir schon mal überlegt, einfach nach draussen zu gehen und ein paar Schritte zu tun? Ja, ist total banal und wahrscheinlich völlig untrendy bei euch hippen Städterinnen, aber ein halbes Stündchen zügig marschieren macht das Hirn frei und den Po knackig – wenigstens ein bisschen. Oder du könntest mal deine Karre zu Hause lassen und die vier Tramhaltestellen bis zu deinem Büro zu Fuss gehen.
Ich weiss, ich weiss, du brauchst deinen Wagen wegen der Aussentermine, aber doch nicht jeden Tag? Wenn du magst, kannst du auch gerne mal für eine Runde joggen mit mir mitkommen, macht Spass, und nachher fühlst du dich wirklich supi. Also, ab in die Turnschuhe!
Gruss
Martina

To: Martina
From: Gigi
Subject: Ich bin doch nicht wahnsinnig!
Mit dir laufen gehen? Da müsste ich ja verrückt sein. Ich bekomme schon Atemnot, wenn ich nur daran denke. Und erst der Muskelkater! Ausserdem hätte ich ohnehin keine Chance, dein Tempo zu halten. Danke fürs Angebot,

... weil sie sich nicht dem frühmorgendlichen Bahnhofsperronmief aussetzen muss.

aber das ist wohl nichts für mich. Und alleine gehe ich ganz sicher auch nicht auf den Vita-Parcours, da wimmelt es von Exhibitionisten und bissigen Kötern, die alle nur spielen wollen. Nein danke, dann doch noch lieber ins Fitnesscenter, da wird man bestimmt nicht gebissen, und wenn die Männer da was zeigen, dann allerhöchstens ein paar schöne Arm-, Bein- oder Bauchmuskeln. Aber ich gebe es ja zu: Ich bin eben ein schlapper Haufen, mir ist jede Ausrede recht, und wenn ich mit 50 am Stock gehe und du wie ein junges Reh neben mir herspringst, dann werde ich bitter bereuen, dass meine Aktivitäten sich hauptsächlich im Daumen abspielen, mit dem ich SMS schreibe und den Telecommander bediene. So, und jetzt gehe ich eine Zigarette rauchen, jawoll.
Gigi, die Unfitte

Sport ist Mord!

Fit, schlank und durchtrainiert – so sieht die Traumfrau gemäss gängigem Schönheitsideal heute aus, und das gilt nicht nur für junge Frauen. Während uns vor wenigen Jahrzehnten nach dem Eintritt ins Hausfrauen- und Mutterdasein breitere Hüften und ein Bäuchlein zugestanden wurden, gibt es heute für uns keine Schonzeit mehr. Frauen müssen immer toll aussehen, egal, ob sie vor zwei Wochen ein Kind geboren haben oder längst in den Wechseljahren stecken. Und so bleibt das Ringen um eine jugendlich schlanke Figur lebenslang ein Thema – und eine Quelle der Frustration, weil Mutter Natur die Kombination von grossem (straffem!) Busen, schmaler Taille und endlos langen Beinen praktisch nicht im Angebot führt.

Ihr ist es auch zu verdanken, dass den allermeisten Menschen die Couch näher liegt als die Hantelbank. Der Grund dafür ist ganz einfach: Grundsätzlich hat Bewegung immer einen Zweck, also beispielsweise die Nahrungsbeschaffung. Und seit wir nicht mehr hinter der Nahrung herrennen müssen, haben wir auch keine Motivation mehr, uns zu bewegen. Das ist übrigens nicht nur typisch Mensch, im Tierreich geht es nicht anders zu und her. Oder haben Sie schon mal eine Löwin joggen sehen? Im Gegenteil. 12 bis 16 Stunden am Tag verbringt sie dösend oder schlafend. Bewegen tut sie sich erst, wenn es darum geht, eine saftige Gazelle zum Znacht zu organisieren. Würde ihr diese ohne jeglichen Aufwand durch den Gazellen-Kurier angeliefert, würde sie dick und träge – genau wie wir. Unser Stoffwechsel ist nämlich immer noch darauf ausgelegt, uns jeden Tag für einige Zeit recht intensiv zu bewegen. Tun wir das nicht, hat das Folgen für Gesundheit und Wohlbefinden. Ehrlicherweise muss man allerdings sagen, dass die Umwelt uns heute fast jeden Anreiz nimmt, uns zu bewegen: Wer zum Beispiel auf den Lift verzichtet, muss erst das Treppenhaus suchen, steht dann womöglich im Dunkeln neben einem Haufen Abfallsäcken und tastet nach dem Lichtschalter. Und einer vielbefahrenen Strasse entlang zu marschieren, vielleicht sogar ohne Trottoir, ist auch nicht jedermanns Sache. Also bucht man einen Pilates-Kurs (für alle, die keine Frauenzeitschriften lesen: Pilates ist was Ähnliches wie Gymnastik, nur viel komplizierter), deckt sich von Kopf bis Fuss mit den neuesten Sport-Klamotten ein – und glänzt nach der ersten Begeisterung durch Abwesenheit.

... weil sie nicht am Samstag zu Ikea kann, sondern an irgendeinem anderen Tag der Woche.

Wenig hilft viel

Jetzt aber die gute Nachricht: Glücklicherweise hält sich der Aufwand für mehr Fitness – und damit der Kampf gegen das Übergewicht – ziemlich im Rahmen, wie allerneuste Studien zeigen. Forscher der Universität Maastricht haben herausgefunden, dass Spaziergänger oder Menschen, die das Velo statt den öV oder das Auto benutzen, mehr Kalorien verbrennen als solche, die sich im Fitness-Studio verausgaben. Zu diesem erstaunlichen Ergebnis ist man gekommen, indem der Kalorienverbrauch über den ganzen Tag gemessen wurde. Und siehe da: Wer eine Stunde im Fitnesscenter auf dem Laufband schwitzt und unter der Langhantel keucht, ist danach meist derart ausgelaugt, dass er jegliche weitere Bewegung vermeidet – und das ohne schlechtes Gewissen, denn schliesslich hat man ja was für seinen Body getan!

Die Spaziergänger hingegen, also Menschen, die hauptsächlich zu Fuss unterwegs sind, die werten das Gehen nicht als speziellen Einsatz zugunsten der Fitness, sondern bei ihnen gehört es ganz normal zum Tagesablauf. Und nur weil sie beispielsweise zu Fuss im Coop waren und jede Menge Lebensmittel nach Hause schleppen mussten, belohnen sie sich nicht extra mit Nichtstun für den Rest des Tages oder – noch schlimmer – mit einer halben Familienpackung Mövenpick-‹Caramelita›-Glace.

Experten haben errechnet, dass pro Tag eine halbe Stunde zügiges Gehen schon reicht, um gesund zu bleiben. Und wer seine Muskelkraft erhalten will, der muss diese täglich nur gerade 90 Sekunden lang angespannt halten oder eine halbe Stunde wöchentlich ins Krafttraining gehen. Also eigentlich ein minimaler Aufwand. Das bisschen Bewegung würde ein echter Fitness-Freak noch nicht mal in die Kategorie ‹Training› einteilen. Aber das Wort ‹Training› streicht man als Couch Potato sowieso besser aus seinem Wortschatz, denn der Begriff ist für die meisten negativ besetzt: Spontan denkt man an Atemnot, Bänderzerrung, Schweissgeruch und absolut peinliche, weil extrem unschmeichelhafte Sportbekleidung. Und so fällt einem trotz aller guten Vorsätze der Entscheid nicht schwer, wenn man die Wahl hat zwischen einem Apéro mit der Freundin oder einer Runde Jogging.

My Home is My Fitness Castle

Da haben es Tanzlehrer, Gärtner, Kellner, Handwerker und Hausfrauen gut. Ihre Tätigkeit ist untrennbar verbunden mit mässiger bis anstrengender physischer Aktivität, ihr Arbeitsplatz ist also gleichzeitig ihr Fitnesscenter. Zwar müssen Hausfrauen körperlich nicht mehr ganz so schwer schuften wie noch vor 30 Jahren, aber im Vergleich zu einem Bürojob haben sie immer noch jede Menge Bewegung. Die einzelnen Tätigkeiten, so die neusten Forschungsergebnisse, dauern im Schnitt nämlich nur drei bis vier Minuten, dann wird gewechselt. Die Körperhaltung wird sogar in noch kürzeren Abständen verändert. Zwischen Gehen und Stehen liegen oft weniger als zwei Minuten.

Natürlich handelt es sich dabei um Durchschnittswerte, aber als Hausfrau kann man ebenso wenig stundenlang in der praktisch gleichen Körperhaltung dasitzen wie als Maurer oder Kaminfeger. Kurz: Die Couch ist für die Hausfrau tagsüber meist nur ein Thema, weil da Katzenhaare weggesaugt, Zeitungen weggeräumt oder Kissen aufgeschüttelt werden müssen.

... weil sie ihr Geld nicht in langweilige Kleidervorschriften, sondern in echt coole Stücke stecken kann.

Menschen in so genannten sitzenden Berufen hingegen bewegen sich während ihrer Arbeitszeit praktisch überhaupt nicht und klagen in der Folge über Rückenschmerzen, Verspannungen und Hämorrhoiden.

Fleissige Forscher der Universität Dortmund haben nicht nur untersucht, wie viel sich Hausfrauen bewegen, sondern auch, mit welchen Tätigkeiten sie ihren Arbeitstag ausfüllen. Rund einen Drittel der Zeit benötigen sie für Kinderbetreuung und Nahrungszubereitung. Jede Hausfrau und Mutter weiss, was das heisst: gemütlich auf dem Teppich liegen und ein bisschen mit den Kleinen spielen, danach ein paar Poulet Nuggets in die Mikrowelle schieben – das ist es in der Regel nicht. Im Gegenteil: In den ersten paar Monaten trägt man das Baby fast ständig herum, bis man Oberarme hat wie Silvester ‹Rocky› Stallone, und kaum muss man es nicht mehr tragen, rennt man ihm hinterher – ein super Training für Po und Oberschenkel.

Aber auch beim Kochen kommt man ganz schön ins Schwitzen: Der selbst geknetete Zopfteig verhilft einem zu einem straffen Busen und die schwere Eisenpfanne, in welcher die Rösti so unvergleichlich goldbraun wird, zu einem strammen Bizeps.

Für die Reinigung, so die Studie, werden rund 18 Prozent der Arbeitszeit verwendet, also je nach Haushalt etwa anderthalb bis zwei Stunden, die ganz schön fordern. Zwar wurde durch die Entwicklung der elektrischen Waschmaschine vor rund 100 Jahren (dem Amerikaner Alva J. Fisher sei bei dieser Gelegenheit ganz herzlich gedankt!) der enorme physische Aufwand für das Wäschewaschen wesentlich reduziert. Der von der Hausfrau gefürchtete Waschtag alle paar Wochen mit Bergen von Wäsche konnte ersetzt werden durch häufigeres

Waschen kleinerer Mengen. Gleichzeitig sind aber die Hygieneansprüche gestiegen. Kleidung und Bettwäsche werden sehr viel häufiger gewechselt, als dies früher der Fall war. Oder mit anderen Worten: Der Waschtag ist Vergangenheit, in einem modernen Haushalt ist fast jeden Tag Waschtag. Und so ist das Ein- und Ausräumen der Waschmaschine und das Schleppen der schweren Wäschekörbe ein Ganzkörpertraining, von dem mancher Fitnesscenter-Besucher nur träumen kann. Vom schweisstreibenden Bettenbeziehen – das auf meiner persönlichen Haushaltarbeiten- Hassliste auf Platz 1 steht – ganz zu schweigen.

Ins Ressort ‹Reinigung› gehört nebst dem Waschen aber auch die leidige Putzerei. Doch selbst die hat ihre guten Seiten (einmal abgesehen davon, dass ein frisch geputzter Boden einfach eine Freude ist): Wissenschaftler an der Curtin University of Technology in Perth behaupten nämlich, dass Staubsaugen und -wischen eine besonders effektive Haushaltsbetätigung ist, und Frauen, die sich täglich eine halbe Stunde intensiv dem Putzen widmen, können ihr Risiko, an Eierstockkrebs zu erkranken, deutlich senken. Dieses Phänomen sei sowohl bei Frauen vor der Menopause als auch bei Studienteilnehmerinnen nach dem Klimakterium beobachtet worden. Wenn sich die Frau im Haushalt mehr als eine gute halbe Stunde pro Tag intensiv betätigt – und welche Hausfrau tut das nicht? –, verringert sich die Krebsgefahr gar noch mehr. Also, Frauen, ran an den Wischmopp!

Weg mit den Kalorien!

Hausarbeit ist aber nicht nur gut für die Gesundheit, sondern auch für die Figur. Getreu nach dem Motto ‹Nur eine verbrauchte Kalorie ist eine gute Kalorie› dürften Hausfrauen in Zukunft mit noch mehr Elan zu Schrubber & Co. greifen. Wenn man beispielsweise am Bügelbrett so richtig Einsatz leistet, verbraucht man etwa 120 Kalorien pro Stunde. Sogar Abstauben, wenn man es denn gründlich macht, schlägt mit etwa 100 Kalorien pro Stunde zu Buche – dafür müsste man rund einen Kilometer joggen.

Der tägliche Kalorienbedarf ist eben nicht nur abhängig von Alter, Geschlecht, Grösse und individuellem Stoffwechsel, sondern auch von der körperlichen Aktivität im Berufsalltag. Fazit: Hausarbeit ist ein optimales Fitness-Training. Für jeden, der jemals dreckige Fensterfronten geputzt, das Fett aus den Dampfabzugsabdeckungen gekratzt oder den Backofen geschrubbt hat, ist ein bisschen Hantelnschwingen geradezu ein Sonntagsspaziergang. Und dank regelmässigem, also täglichem Training im Haushalt schafft jede Hausfrau den Hausarbeitsmarathon ‹Frühlingsputz› praktisch mit links, wo Ungeübte schon ins Stöhnen kommen, wenn mal die Abwaschmaschine für zwei Tage ausfällt.

Hausfrauen bewegen sich aber nicht nur in den heimischen vier Wänden, sie sind auch viel draussen an der frischen Luft: Einkaufen gehen, Briefe auf die Post bringen, Geld abheben bei der Bank, mit den Kindern auf den Spielplatz gehen – wenn sie aufs Auto verzichten, dann absolvieren sie ein ganz schön flottes Ausdauertraining, und das bei jedem Wetter. Wer ein Haus mit Umschwung sein Eigen nennt, der hat übers Rasenmähen, Laubrechen, Beete-Umgraben bis zum Schneeschaufeln auf dem Garagenvorplatz zusätzlich einiges an Bewegung. Und weil diese Aktivitäten eben draussen stattfinden, tut man nicht nur viel für die Fitness, sondern auch für das Immunsystem.

Falls einem die Bewegung im und ums Haus noch nicht genug ist, kann man von dem riesigen Angebot an Kursen für Fitness und Gesundheit profitieren, die tagsüber angeboten werden. Ob Walking oder Schwimmen, Boxen oder Bauchtanz, Spinning oder Tai Chi – da gibt es jede Menge Möglichkeiten, wie man zwischendurch etwas nur für sich alleine tun kann. Und für Mütter von kleinen Kindern wird sogar oft eine Kinderbetreuung angeboten. Hausfrauen haben viel mehr Freiheiten, was die Gestaltung ihres Tagesprogramms anbelangt – und diese werden auch rege genutzt. Welche ausser Haus berufstätige Frau kann von zehn bis elf ins Bauch-Beine-Po-Training? Oder einfach schnell eine Runde schwimmen gehen? Oder sogar nur kurz raus für einen kleinen Spaziergang? Wer im Job feste Präsenzzeiten hat, muss sein Fitness-Programm auf das Wochenende, den Feierabend oder allenfalls in die Mittagspause legen – genau dann, wenn zum Beispiel andere Erwerbstätige auch steppen oder Tennis spielen möchten.

Da ist aber noch ein wesentlicher Unterschied zwischen Hausarbeit als Fitness-Training und Fitness-Training als Freizeitbeschäftigung: Das Motivationsproblem ist bei den Hausfrauen nicht ganz so gross wie bei den Freizeitsportlern. Experten betonen immer wieder, dass der Einstieg ins Training keine grosse Sache ist, aber das Dranbleiben umso schwieriger. Und das kennen wir ja alle aus eigener Erfahrung: Kaum ist die erste Begeisterung vorüber, ist das Krafttraining oder die Fettweg-Gymnastik eine zusätzliche Belastung, der man noch so gerne aus dem Weg geht. Kommt dann noch erschwerend dazu, dass Arbeitskollegen oder die Familie Fitness für überflüssig halten, findet man schnell einen Grund, es aufzugeben.

Da hat es die Hausfrau besser. Wohl keiner in der Familie findet Hausarbeit überflüssig, der Widerstand des Umfelds entfällt also. Klar hat auch eine Hausfrau ab und zu mit dem inneren Schweinehund zu kämpfen und greift nicht immer voller Elan zum Putztuch. Aber für sie ist es eher möglich, die Arbeit nach dem Lustprinzip einzuteilen und halt lieber erst einkaufen zu gehen, weil das Wetter gerade so schön ist, dafür das Hemdenbügeln auf übermorgen zu verschieben. Und ein weiteres Plus: Sie braucht weder extra irgendwohin zu gehen noch sich umzuziehen – sie kann dann loslegen, wenn ihr danach ist oder wenn ihr nichts mehr anderes übrig bleibt, weil beispielsweise die Wäschekörbe am Überquellen sind oder der Schmutz auf dem Küchenboden auch ohne Kontaktlinsen nicht mehr zu übersehen ist.

Slow statt Fast Food

Einen wesentlichen Einfluss auf die Gesundheit hat bekanntlich auch die Ernährung. Viel Früchte und Gemüse, möglichst frisch bzw. frisch zubereitet, das ist es, was uns gut tut – sagen Ernährungsexperten. Wer sich hauptsächlich auswärts verpflegt, hat Mühe, gesund zu essen – was allerdings nicht unbedingt daran liegt, dass man am Take-away, in der Kantine oder an einem anderen Verpflegungsort keine gesunden Sachen kaufen kann. Vielmehr ist es einfach so, dass dort die weniger gesunden Alternativen den meisten Menschen besser schmecken. Wer im Take-away vor der schwierigen Entscheidung steht, den knurrenden Magen mit einem grünen Salätchen oder einem Thon-Baguette zu besänftigen, vergisst gerne all die Ermahnungen à la ‹Five-a-Day› (fünf Portionen Gemüse bzw. Früchte pro Tag) und entscheidet nach dem Lustprinzip, sprich: Er oder sie nimmt das Thonbrot. Und selbst wenn das Auge nicht mitisst, tendieren viele eher zu Menü I mit Schnitzel und Pommes als zum leider oft lieblos zubereiteten Vegi-Teller mit im Wasser gedünstetem, schlappem Gemüse. Und überhaupt: Viel Zeit hat man ohnehin nicht, also nimmt man sich eine Wurst vom Grillstand für unterwegs oder kauft sich ein Sandwich und isst es vor dem Computer.

Da haben es alle, die ihre Mahlzeiten selber zubereiten und in Ruhe zu Hause geniessen können, schon viel besser – also beispielsweise Hausfrauen, die meistens ohnehin für die Kinder kochen. Natürlich gibt es auch einmal Fast Food, weil a) die Kinder das lieben, b) die Hausfrau nicht zum Einkaufen gekommen ist oder c) man ja auch mal was Neues ausprobieren darf. In der Regel achten aber Hausfrauen und Mütter auf eine vollwertige und abwechslungsreiche Kost – nicht immer zur Begeisterung der Kleinen, aber das ist wieder ein anderes Thema. Jedenfalls verbringen Hausfrauen wie bereits erwähnt recht viel Zeit mit der Zubereitung von Mahlzeiten. Und von ihren Kochkünsten profitieren nicht nur sie selber und ihre Kinder, sondern auch ihre Männer. Gemäss einer kanadischen Studie essen nämlich verheiratete Männer gesünder als Singles. Und dank der richtigen Ernährung haben verheiratete Männer überall in Europa eine längere Lebenserwartung als Junggesellen.

... weil sie an einem kalten und dunklen Novembermorgen wieder ins warme Bett kriechen kann, sobald Mann und Kinder aus dem Haus sind.

Super Betriebsklima

Sehr vielen Arbeitnehmerinnen und Arbeitnehmern verdirbt die Angst vor Entlassung, Mobbing und ganz allgemein ein mieses Betriebsklima die Lust an der Arbeit. Fast jeder zweite deutsche Arbeitnehmer bangt laut einer Umfrage des Wirtschaftsmagazins ‹Euro› so sehr um seinen Job, dass sein Engagement sowie die Risikobereitschaft für Neues immer mehr abnimmt. Das Meinungsforschungsinstitut ‹Forsa› spricht sogar von 60 Prozent der Arbeitnehmer, die unter Ängsten am Arbeitsplatz leiden. In der ‹Angsthitparade› von Forsa führt die Furcht, Fehler zu machen, vor der Angst um den Arbeitsplatz, gefolgt von der Angst zu versagen und der Angst vor Mobbing. Und mehr als jeder Zehnte hat Angst vor dem Chef. Die gesundheitlichen Folgen reichen von Konzentrationsmangel und Rückenbeschwerden über Kopfschmerzen, Schlafstörungen bis zu Depressionen und Panikattacken. Die Kosten für den Stress am Arbeitsplatz schätzt das Staatssekretariat für Wirtschaft in der Schweiz auf über 4,2 Milliarden Franken jährlich, Arztkosten noch nicht mit eingerechnet.

Nun will ich durchaus nicht behaupten, das Hausfrauendasein sei im Vergleich dazu das reine Paradies (lesen Sie dazu das Kapitel ‹Das Kleingedruckte›). Aber im Gegensatz zum gewöhnlichen Angestellten braucht sie keine Angst um ihre Stelle zu haben, denn als Hausfrau ist man unentbehrlich und fällt deshalb keinen Restrukturierungsmassnahmen zum Opfer. Ich kenne auch keine einzige Hausfrau, die sich als Versagerin fühlt, wenn mal ein Fleck nicht aus dem T-Shirt rausgegangen ist. Diese Vorstellung stammt wohl eher aus der Mottenkiste der Werber als aus der Realität und dient einzig dazu, Mami ein Waschmittel aufzuschwatzen, das weisser als weiss wäscht. Mobbing gibt es nicht, denn wer will sie mobben, wo sie sich doch weder mit missgünstigen Arbeitskollegen noch mit unfähigen Vorgesetzten herumschlagen muss? Und Angst vor dem Chef? Da müsste sie sich ja vor sich selber fürchten.

Jetzt einmal ganz ehrlich: Wenn Sie am Montagmorgen wählen könnten zwischen einer endlos langen Sitzung mit fünf profilierungssüchtigen Arbeitskollegen oder fünf Waschkörben voll unsortierter Wäsche – wofür entscheiden Sie sich? Also, ich nehme die Wäsche. Aus langjähriger Erfahrung weiss ich, dass das Berufsleben ausser Haus längst nicht so schillernd und spannend ist, wie es von Werbung und Medien oft dargestellt wird. Aber wer gibt schon freiwillig zu, dass seine Tätigkeit nebst einigen reizvollen Herausforderungen jede Menge langweilige bis nervtötende Aufgaben beinhaltet? Und so stellen Arbeitnehmer ihren Job gerne als viel interessanter dar, als er in Wirklichkeit ist. Oder sie stöhnen unter den gewaltigen neuen Herausforderungen, die jeder Arbeitstag bringt. Bestimmt haben Sie schon Essenseinladungen durchstehen müssen, wo sich der Gesprächsstoff auf das gestrige Meeting des Gastgebers beschränkte, bei welchem er es dem Gerber («Who the fuck is Gerber?») gewaltig gegeben hat. Oder die Diskussionen zwischen ‹Geschäftsleuten›, die man im Zug unfreiwillig mithört – wenn man sich ausnahmsweise 1. Klasse leistet –, welche sich um die Logistik von clever platzierten Getränkeautomaten, die Notwendigkeit von reservierten und nummerierten Mitarbeiterparkplätzen oder ein anderes rasend spannendes Thema drehen. Im Vergleich dazu ist die Diskussion zwischen zwei Hausfrauen über die beste Fensterputzmethode bestimmt nicht langweiliger – und wenn es einen nicht interessiert, braucht man wenigstens kein Interesse zu heucheln.

... weil sie an heissen Sommertagen ungeniert in Flipflops oder gar barfuss herumlaufen kann.

Aber auch von äusseren Faktoren, die die Gesundheit teilweise massiv belasten, sind Hausfrauen viel weniger betroffen. Man denke nur an die im doppelten Sinne dicke Luft in Grossraumbüros. Klar, theoretisch wird nicht geraucht, praktisch verpestet aber der Qualm aus der Kaffee-Ecke locker die Luft bis in den hintersten Winkel. Und dann der Lärm! Als Sekretärin muss man ständiges Handy- und Telefon-Geklingel aushalten, als Verkäuferin im Einkaufscenter zwei Monate lang ‹Jingle Bells› und in der übrigen Zeit das Geplärr der Kevins und Lauras – Angestellte sind der stressigen Geräuschkulisse mehr oder weniger wehrlos ausgeliefert. (Es sei denn, sie arbeiten im Strassenbau und tragen aus SUVA-technischen Gründen Gehörschütze. Aber haben Sie jemals eine Frau am Presslufthammer gesehen?)

Die Hausfrau hingegen kann selber entscheiden, ob sie qualmen will oder lieber rauchfrei arbeitet, ob sie sich von Radiogedudel berieseln lassen will oder eher die Stille schätzt. Kurz: Sie hat es weitgehend selber in der Hand, krank machende Belastungen zu reduzieren, damit sie sich an ihrem Arbeitsplatz wohl fühlt.

Hausfrauen sind einflussreicher

To: Martina
From: Gigi
Subject: Mir reichts
Also, Martina, ich sag dir, es ist einfach unglaublich. Erst schlage ich mir die Nächte um die Ohren, um das Werbekonzept für diesen unsäglichen Schoggi-Riegel fertig zu bekommen, und dann erfahre ich zufällig, dass auch noch dieser Schleimbeutel von einem Tom mit dem gleichen Projekt beauftragt worden ist. Nun ist der Job als Teamleiter schon seit über einem halben Jahr unbesetzt, und die Brüder in der Nadelfilz-Etage können sich immer noch nicht zwischen Tom und mir entscheiden – als ob Leiter eines 5er-Teams der absolut tierische Karrieresprung wäre, also wirklich!
Gruss, Gigi (wütend)

To: Gigi
From: Martina
Subject: Gemach, gemach
Liebe Gigi
Verstehe ich total, dass du dich nervst, ist ja auch eine Sauerei, so was. Zumindest hätten die dir die ganze faule Sache ehrlich als eine Art Wettbewerb verkaufen und dann endlich mal Klartext reden müssen, was den Pfadiführer-Job anbelangt. Aber wer hat denn nun besser gepunktet bei der Präsentation? Das warst doch bestimmt du, weil jeder weiss, dass der Tom höchstens so viel Fantasie hat wie eine WC-Ente.
Pfüeti, Martina

... weil sie nicht bereits ab 9 Uhr morgens dem Adrio-Mief aus der Kantinenküche ausgesetzt ist.

To: Martina
From: Gigi
Subject: 3x darfst du raten
Gepunktet? Ja, wer wohl? Weder Tom noch ich, sondern der Boss himself. Selber nix auf dem Kasten, aber immer die ganzen Lorbeeren für sich einheimsen, so ist der. Jedenfalls hat er es einmal mehr so gedreht, dass alles sein Verdienst ist, und Tom und ich sind uns vorgekommen wie zwei Hilfskräfte, die gerade mal fähig sind, die PowerPoint-Präsentation einigermassen über die Bühne zu bringen. Da ist sogar Tom sein überhebliches Grinsen vergangen. Und wie wenn das noch nicht gereicht hätte, mussten wir uns auch noch das Blabla vom Chef zum Thema Teamleiter anhören, das ganze Gewäsch von wegen ‹Politik der offenen Karten›. Also bitte, sind wir da in einem Jass-Trüppli oder einer Werbeagentur? Und überhaupt: Das ganze Theater um eine Stelle, die gerade mal 200 Franken mehr Lohn einbringt!!! Gigi, le chef

To: Gigi
From: Martina
Subject: Viel Rauch um nichts
Ja, Gigi, du hast vollkommen Recht: Da reisst du dir ein Bein aus, und dann reichts grad mal zur Bürochefin oder Gruppenleiterin oder sonst was, und im Grunde genommen ist es nur ein Titel und ein bisschen mehr Arbeit. Die sollen sich doch ihre 200 Franken sonst wohin stecken! Zum Glück habe ich dieses Problem nicht, denn ich bin Chefin und Ressortleiterin und Stiftin alles in einem – und befördern kann ich allenfalls mich selbst, aber wozu? Ich hab ja weder Zusenn noch Unterhund, also bleibt alles, wie es ist.
Und das ist gut so.
Liebe Grüsse, Martina

Immer diese blöde Arbeit!

Es ist unbestritten: Wer einen interessanten, erfüllenden Job hat, dem geht es gut. Leider trifft dies aber in der Schweiz auf immer weniger Menschen zu. Noch nie war die Zahl der unzufriedenen Arbeitnehmer so hoch, wie eine Studie aus dem Jahr 2001 zum Arbeitsklima in der Schweiz zeigt. Und je jünger, desto schlimmer, weil wahrscheinlich anspruchsvoller: Bei den 20- bis 24-Jährigen sind nur gerade ein Drittel mit ihrer Arbeit zufrieden, bei den über 55-Jährigen sind es gerade mal 62 Prozent. Da verwundert es nicht, dass Angestellte im Schnitt vier geschlagene Stunden pro Woche über ihren Chef schimpfen – und das nicht nur am Stammtisch, sondern ebenso am Arbeitsplatz, zu Hause, beim Sport oder wo immer sich die Gelegenheit bietet.

Blödmann, Depp, A... oder Psychopath – so nennt man im trauten Kreise seinen Vorgesetzten und liegt zumindest mit Letzterem nicht einmal allzu sehr daneben, wie der kanadische Psychologieprofessor Robert Hare behauptet. Er schätzt, dass mindestens einer von hundert Menschen, für die man arbeitet, derart auf sich selber bezogen und manipulativ ist, dass eine psychologische Untersuchung ihn als Psychopathen entlarven würde. Zugegeben: Ganz so krank sind nur die allerwenigsten Vorgesetzten, aber fast jeder, der jemals einer unselbständigen Berufstätigkeit nachgegangen ist – und wer ist das nicht? –, kann ein traurig Lied davon singen, dass sich manch einer Chef nennt, der diese Rolle nun wirklich nicht verdient hat.

Von einem Vorgesetzten erwartet man Kompetenz, Souveränität, Führungsqualitäten, Konfliktfähigkeit, gutes Benehmen, ausgeprägten Gerechtigkeitssinn und so weiter und so

... weil sie keine Qualifikationsgespräche mit dem Vorgesetzten führen muss.

fort. Früher jedenfalls. Heutzutage dominiert in den allerobersten Etagen hauptsächlich die Geldgier. Konzernchefs wie Vasella (Novartis) und Ospel (UBS) kassieren Jahresgehälter von mehreren Millionen Franken, und für Banken-Topmanager gibt es quasi als Belohnung dafür, dass sie Tausende ihrer Mitarbeiter entlassen haben, noch dicke Gehaltserhöhungen. Das hat nichts mehr mit gerechter Entlöhnung für gute Leistungen zu tun, das ist die pure Abzocke, denn ganz im Gegensatz zu den Managerlöhnen steht die Entwicklung der Löhne des gewöhnlichen Fussvolkes: Diese stagnieren gemäss Gewerkschaften seit Jahren, und auch 2005, in einem wirtschaftlich sehr guten Jahr, lagen die durchschnittlichen Lohnerhöhungen unter der Teuerung. Und während Tausende um ihre mehr oder weniger schlecht bezahlten Jobs bibbern, können sich Kaderleute auf ihre eigene allfällige Entlassung sogar freuen, denn sie kassieren dabei gleich nochmals fürstlich. Der so genannte goldene Fallschirm ermöglicht es ihnen, bis an ihr Ende sehr komfortabel zu leben, ohne dafür auch nur einen Finger krumm machen zu müssen.

Aber das Geld ist nur das eine. Das Übel liegt auch in der Art der Beschäftigung. Eigentlich wären wir schon rein aus evolutionstechnischen Gründen auf unterschiedliche Tätigkeiten eingestellt, und es ist anzunehmen, dass damals, in der Höhle, der Tag sehr viel abwechslungsreicher war als heute im Büro: Beeren suchen und Bären erlegen, Feuer machen und Fellkleider nähen, Wasser holen und Holz sammeln, dazwischen ein paar Kinder gebären und diese in die Geheimnisse des Höhlenbewohnerlebens einführen – da ist wohl kaum Eintönigkeit aufgekommen. Nicht so in einem Büro, an der Kasse in einem Einkaufszentrum oder, ganz hart, an einem Fliessband: Da verbringt man Stunden praktisch ohne Bewegung bzw.

mit der immer gleichen Bewegung in der immer selben Umgebung, in schlechter, klimatisierter Luft und umgeben von Menschen, die man möglicherweise kaum ertragen kann. Wen wunderts da, dass gemäss einer grossen Umfrage in Deutschland im Jahr 2003 jeder sechste Arbeitnehmer bei seiner Arbeit nicht so richtig bei der Sache ist?

Weitere Studien zeigen, dass sich nur gerade 15 Prozent der Mitarbeiter ernsthaft an ihrem Arbeitsplatz engagieren. Mangelnde Selbstbestimmung ist es laut Fachleuten, die die Zufriedenheit bei der Arbeit wesentlich beeinträchtigt. Wer keinen Einfluss auf seine Arbeit hat, wird passiv und schliesslich ein Kandidat für die so genannte innere Kündigung. Das Phänomen der inneren Kündigung scheint gar zu einer Art Zeitkrankheit geworden zu sein. Schätzungen und wissenschaftliche Studien über den Anteil der inneren Emigranten gehen von etwa einem Viertel bis einem Drittel aller Arbeitnehmer aus. Bereits im Jahr 1995 gaben 98 Prozent der befragten Personalverantwortlichen in einer empirischen Studie an, dass sie die innere Kündigung für ein permanentes Problem mit zunehmender Bedeutung halten. Was Alter, Geschlecht oder Schulbildung angeht, ist der Zusammenhang noch nicht ganz klar. Was man aber weiss: Das Auftreten der inneren Kündigung hat direkt mit der Position in der Hierarchie zu tun. Oder mit anderen Worten: Oben wird seltener innerlich gekündigt als unten. Das Traurige an der ganzen Sache: In Wirklichkeit merkt das Unternehmen oft lange Zeit oder auch überhaupt nicht, dass das Engagement einiger Mitarbeiterinnen und Mitarbeiter zurückgegangen ist, denn in einem Umfeld, wo Initiative nicht erwünscht ist, wird sie auch nicht vermisst werden.

... weil sie nicht täglich den Millionen von Bakterien und Viren im öV ausgesetzt ist.

Le chef – c'est moi!

Unter diesen Umständen ist es leicht nachzuvollziehen, dass es den Selbständigerwerbenden diesbezüglich um einiges besser geht, wie ein Forschungsprojekt der Gesundheitsdirektion des Kantons Zürich ergeben hat. Und nicht nur ihnen. Dreimal dürfen Sie raten, wer sogar noch mehr punktet in Sachen Zufriedenheit: die Hausfrauen! Die Parallelen zu den Selbständigerwerbenden sind offensichtlich: freie Einteilung der Arbeit, vergleichsweise vielfältige und abwechslungsreiche Aufgaben, kein Vorgesetzter, ein angenehmes Umfeld (das sucht man sich schliesslich selber aus) und das Beste: relativ viele Freiheiten. Mal zwischendurch an die frische Luft? Sich einen Kaffee gönnen und dabei einen Blick in die neue ‹Brigitte› werfen? Das kann man sich als Hausfrau durchaus leisten, nicht aber als Angestellte. In den allerwenigsten Betrieben ist es möglich, die Arbeit kurz niederzulegen, um nach draussen zu gehen und ein bisschen in die Sonne zu blinzeln, wenn sich diese nach einer mehrwöchigen Hochnebelphase endlich wieder hervorwagt. Und Frauenmagazine lesen während der Arbeitszeit ist schon gar nicht angesagt – es sei denn, man arbeite auf der Redaktion einer Frauenzeitschrift. Dann gehört das Studium der Konkurrenzprodukte zum Pflichtprogramm, was wiederum viel weniger Spass macht.

Zu Hause ist man sein eigener Boss, und im Gegensatz zum Chef, der im schlechtesten Fall während achteinhalb Stunden Präsenz markiert, ist der eigene Ehemann während mindestens ebenso vielen Stunden abwesend. Wobei ich jetzt keineswegs behaupte, der Ehemann sei der Chef der Hausfrau. Nein, ist er nicht, aber er ist der Einzige (abgesehen vielleicht von ein paar Teenagern), der auf die Idee kommen könnte, auf irgendeine Art und Weise an der Arbeit der Hausfrau herumzumeckern. Ein wirklich kluger Mann wird sich allerdings jegliche abschätzige Bemerkungen verkneifen, ansonsten ist er derjenige, der nach dem Lasagne-Schmaus den Backofen und vor allem die Gratinform schrubbt. Und in der kurzen, wachen Präsenzzeit, die er wie die allermeisten Ehemänner und Väter zu Hause hat, gibt es ohnehin Schöneres und Wichtigeres zu tun als über Kalkflecken an seinem Rasierpinselbehälter zu diskutieren – Sex beispielsweise, aber dazu komme ich später.

Auch was ihre fixen Arbeitszeiten anbelangt, ist die Hausfrau privilegiert – zumindest wenn kein Baby zu versorgen ist und sie von Blockzeiten in der Schule profitieren kann. Morgens zwischen sieben und halb neun, mittags von halb zwölf bis etwa halb zwei und abends ab etwa vier Uhr bis nach dem Abendessen – das sind die Stunden, in welcher eine Hausfrau mit schulpflichtigen Kindern präsent sein muss. In der übrigen Zeit ist sie relativ frei, und es ist ihre Entscheidung, ob sie einen wunderschönen Frühherbst-Nachmittag lieber mit Silberputzen oder einem Spaziergang verbringen will. Im Haushalt, und das ist eben auch das Gute, kann vieles warten, es gibt kaum Deadlines (mal abgesehen von der Müllabfuhr), die, wenn man sie nicht einhält, zu einem Anpfiff von Seiten des Vorgesetzten führen. Man kann also entspannt an die Arbeit gehen, und was man schafft, das schafft man. Der Rest wird morgen erledigt. Konkret: Wer will, greift jeden Tag zum Staubsauger. Wem das zu viel ist, der wartet, bis es sich wirklich lohnt, und saugt einmal pro Woche. Überstunden entfallen ebenso wie die Mehrarbeit, die einem aufgehalst wird, wenn sich die Arbeitskollegin an fernen Stränden erholt oder ihre monatliche Migräne-Auszeit bezieht.

... weil sie auch peinliche Klingeltöne aufs Handy laden kann, ohne dass sie sich damit vor aufgeblasenen Bürokollegen blamieren muss.

Alles auch für mich

Ein wesentlicher Unterschied zwischen der Arbeit einer Hausfrau und derjenigen einer Angestellten liegt im direkten Nutzen, den man für seine Bemühungen hat. Natürlich schuftet die Hausfrau nicht nur für sich allein, das gebügelte Hemd trägt sie nicht selber, auch nicht die frisch gewaschenen Socken der Kinder. Aber zumindest ein Teil der fein duftenden, sauber gefalteten Stücke aus dem Wäschekorb wandert in ihre persönlichen Schubladen. Ebenso kocht sie unter anderem auch für sich selber und nicht nur für die Familie – und kann dabei erst noch die eigenen Vorlieben ausleben. Zwar räumt sie auch die Sachen der übrigen Familienmitglieder weg, putzt die Fenster in sämtlichen Zimmern und den Staubsauger schiebt sie nicht nur über ihren Teppich. Aber weil die ganze Wohnung ihr Lebens- und Arbeitsraum ist, profitiert sie davon, wenn sich dieser sauber und aufgeräumt präsentiert. Wie die allermeisten Menschen zieht die Hausfrau nämlich eine gepflegte Umgebung dem schmuddligen Chaos vor.

Das mag schon sein, werden Sie jetzt einwenden, aber eine Angestellte bekommt schliesslich Geld für das, was sie tut. Stimmt, aber ein entscheidender Aspekt für viele ist auch die Frage nach dem Sinn ihrer Tätigkeit. Ein Arzt hat da wohl weniger Probleme, er tut sein Bestes, um seinen Patienten zu helfen, und fragt sich vermutlich eher selten, wozu er das überhaupt macht. Wenn es dem Patienten wieder gut geht, dann ist ihm das Bestätigung genug. Und es gibt noch jede Menge andere Berufe, bei denen das positive Feedback von Menschen, für die man etwas getan hat, einen ebenso zum Weitermachen motiviert wie das Geld, das diese dafür bezahlen:

Sei das der Schreiner, der seinem Kunden dessen Traumholztisch tischlert, der TCS-Mann, der auf die Dankbarkeit eines hängen gebliebenen Automobilisten zählen kann, oder der Koch, dessen Gäste satt und zufrieden sein Lokal verlassen. Ist jedoch der Lohn die einzige Entschädigung für die viele Zeit, die man beispielsweise im Call Center beim Verkauf von Frauenzeitschriften-Abos oder in der Kopierabteilung einer Grossbank verbringt, kann schon bald mal die Frage aufkommen: «Was habe ich eigentlich, abgesehen vom Geld, von meinem Job?» Kommt dazu, dass in den typischen Frauen-Teilzeit-Jobs der Lohn ohnehin nicht gerade fürstlich ist.

Selbstverständlich hat auch eine Hausfrau ihre Krisen und fragt sich manchmal, weshalb sie sich für das undankbare Pack, das sich ihre Familie nennt, von morgens bis abends abrackert. Aber im Grunde weiss sie, dass sie dank ihrem unermüdlichen Einsatz wesentlich zum Wohlbefinden von Mann und Kindern (und sich selber) beiträgt. Und das ist Grund genug weiterzumachen, oder?

Machtmensch Hausfrau

Ein weiterer wichtiger Punkt, den Selbständigerwerbende und Führungskräfte mit Hausfrauen gemeinsam haben: Sie üben Einfluss aus. Ob die Kinder dick und kariös sind, der Mann übergewichtig und bluthochdruckgeplagt, das ist nicht zuletzt auf die Art des Essens, das frau zubereitet, zurückzuführen. Fettige Bratwurst oder frischer Fisch aus dem See, knackiger Salat oder langweilige Beutelsuppe – die Hausfrau entscheidet, was auf dem Speisezettel steht, und sorgt in der Regel dafür, dass jeden Tag feine und gesunde Mahlzeiten auf den

... weil sie sich Business-Lunches sparen kann, wo einem das Essen zwischen den Restrukturierungsplänen im Hals stecken bleibt.

Tisch kommen. Und selbst wenn ihr der Spinatkuchen mit Tofuwürfeln keinen spontanen Szeneapplaus von Seiten der Familie einbringt, kann sie das verkraften, denn an den meisten anderen Tagen greifen alle mit Begeisterung und gutem Appetit zu – und das freut die Köchin!

Gemäss einer Umfrage des Meinungsforschungsinstituts Forsa geben über 80 Prozent der befragten Hausfrauen nämlich an, dass das Kochen auf der Rangliste der Hausarbeiten ganz oben steht. Ist ja auch kein Wunder, denn das Zubereiten von Mahlzeiten ist sehr viel spannender als – sagen wir mal – das Annähen eines Knopfes oder das Bügeln von angeblich bügelfreien Hemden. Inzwischen haben aber nicht nur Frauen gemerkt, dass Kochen Spass macht; gemäss einer Umfrage von amazon.de kochen 69 Prozent der Männer ebenfalls sehr gerne. (Obwohl meine persönliche Erfahrung zeigt, dass die meisten nicht mal in der Lage sind, ein paar Poulet Nuggets zu braten, ohne dass diese verkohlen.) Diesem Trend folgend setzt auch das Fernsehen auf Köche quasi als Alleinunterhalter oder gerne auch im Duett mit einem Promi. Zum Zuschauen eine recht interessante Sache, denn die doch eher aufwändige Rüstarbeit wird natürlich nicht gezeigt, vielmehr stehen wie von Zauberhand zubereitet jede Menge Schälchen und Schüsselchen mit Zutaten aller Art bereit, und der Koch braucht diese nur noch in der richtigen Reihenfolge in die glänzenden Chromstahlpfannen zu geben und – schwuppdiwupp – steht ein superleckeres Dreigangmenü für anspruchsvollste Gourmets bereit. Ich habe noch nie versucht, irgendwas aus diesen Kochshows nachzukochen, weil mir die Rezepte dann doch zu kompliziert, zu banal, zu sehr deutsche Küche oder was auch immer sind. Aber das ist wahrscheinlich auch nicht die Idee, vielmehr geht es doch wie meistens im TV um reine Unterhaltung, oder?

Einmal abgesehen davon, dass das Zubereiten von Mahlzeiten auch ein sinnlicher und kreativer Akt sein kann, ist es zusätzlich eine ziemliche Herausforderung, das Essverhalten der Kinder im Kinderschokoladen- (3–10 Jahre) oder im Pringles-Alter (11–17 Jahre) behutsam zu steuern und den Cholesterinspiegel des Ehemanns mit den richtigen Leckereien tief zu halten. Von der fettreduzierten Rahmsauce über den cholesterinarmen Hörnliauflauf bis zum extra ballaststoffreichen Sandwich – die meisten Hausfrauen sind ambitionierte Köchinnen und könnten mit ihrem umfassenden Wissen schon beinahe eine Praxis für Ernährungsberatung eröffnen.

Frauen beeinflussen aber nicht nur die Ernährung der Männer, auch sonst scheinen sie eine positive Wirkung auf deren Gesundheit zu haben. Eine Harvard-Studie hat ergeben, dass verheiratete Männer nicht nur mehr Gemüse essen als geschiedene oder verwitwete, sie rauchen und trinken auch weniger, halten ihre Arzttermine ein – und haben weniger Erektionsstörungen als Männer ohne feste Partnerin.

Das Mami-Monopol

Ein weiterer entscheidender Punkt in Sachen Einfluss, den Hausfrauen ausüben, ist die Kindererziehung. Zwar ist diese natürlich nicht allein Frauensache, aber Tatsache ist, dass immer noch die meisten Frauen die Hauptverantwortung für die Erziehung und Betreuung der Kinder übernehmen. Und dieses Monopol wird kaum je in Frage gestellt – im Gegenteil: Um den Frauen eine Tätigkeit ausser Haus zu ermöglichen, fordern verschiedene politische Kreise mehr Krippen-

... weil sie den Handwerker kommen lassen kann, wenn wieder mal Not am Mann ist.

plätze, Blockzeiten, frühere Einschulung, Tagesschulen usw. usf. Auf die naheliegendste Lösung, nämlich endlich den Mann und Kindsvater in die Betreuung einzubeziehen beziehungsweise mehr Verantwortung und Präsenz von seiner Seite zu fordern, kommen die wenigsten. Dabei ist doch das Kinderhaben eine Sache von Mann UND Frau. Das Gejammer über fehlende Teilzeitarbeit für Karrieremänner jedenfalls kann ich nicht mehr wirklich ernst nehmen, denn wenn dies tatsächlich ein Bedürfnis vieler Arbeitnehmer wäre, hätte der Arbeitsmarkt längst entsprechend reagiert. Und so kann es meiner Meinung nach nicht Aufgabe des Staates und damit der Allgemeinheit sein, Männer von ihren Verpflichtungen als Kindsvater zu entlasten. Doch paradoxerweise sind es gerade diejenigen Kreise, die sich die Emanzipation besonders dick aufs ökologisch unbedenkliche Banner geschrieben haben, die jetzt lautstark nach mehr Fremdbetreuung schreien. Soweit ich mich erinnern kann, ging es jedoch damals an den Demonstrationen in den schlimmen violetten Kleidern darum, mit den Männern halbe-halbe zu machen, oder habe ich da etwas falsch verstanden?

Anyway, für Hausfrauen ist diese Diskussion ohne Belang, denn es gehört zu ihrem Beruf, dass sie praktisch rund um die Uhr für die Kleinen da sind. Sie sind es, die im Chindsgi beim Räbeliechtlischnitzen helfen, die als Chauffeusen für das Handballturnier aufgeboten werden und die bei der Schulleitung antraben müssen, wenn der Sohn beim Kiffen auf dem Pausenplatz erwischt wurde. Sie sind es dann auch, die sich nächtens schlaflos wälzen, wenn das Kind trotz 137 Bewerbungen immer noch keine Lehrstelle gefunden hat. Und: Sie hauptsächlich sind es schliesslich, die ihre gelebten Wertvorstellungen und Überzeugungen an die Kinder weitervermitteln. Und das ist doch – ohne jetzt pathetisch zu werden – eine sehr viel wichtigere (und schwierigere) Aufgabe als beispielsweise die Entscheidung darüber, ob das Logo für einen neuen Kloreiniger in Rot oder Blau gedruckt werden soll, oder etwa nicht?

... weil sie immer als Erste bei den Aktionsangeboten ist.

Hausfrauen sind geschäftstüchtiger

To: Gigi
From: Martina
Subject: Wo steckst du denn?
Hallo Gigi!
Ich höre und lese nix mehr von dir. Bist du ausgewandert?
Martina (besorgt)

To: Martina
From: Gigi
Subject: Ich bin reich!
Liebe Martina
Mach dir keine Sorgen, mir geht es gut, sogar supergut, denn seit letzter Woche bin ich reich!!! Der Scheff hat mir für meinen unermüdlichen Einsatz in den letzten 12 Monaten sage und schreibe Fr. 300.– (in Worten: dreihundert Franken) an Grati ausgeschüttet. Ich kann dir sagen, das war ein Feiern, ein Essen und Trinken und Jubilieren. Wer hätte gedacht, dass meine Schufterei mal noch so reiche Früchte tragen wird? Jedenfalls bin ich nicht sicher, ob ich überhaupt noch arbeiten gehen soll, denn Geld habe ich ja jetzt genug.
Bis bald, Paris Hilton – äh Gigi

To: Gigi
From: Martina
Subject: Der Neid zerfrisst mich!
Hallo Gigi
Drei Hunderter für die vielen Nacht- und Wochenendschichten? Das soll wohl ein Witz sein! Immerhin hast du

dem öden Schoggi-Riegel eine Verpackung verpasst, die selbst den Life-Style-Guru Tyler Brulée in sprachloses Staunen versetzen wird. Jedenfalls lohnt es sich für das bisschen Geld kaum, den Dauerauftrag der Bank zu ändern.
Aber sag mal, wie viel hat denn die Dumpfbacke Tom dieses Jahr in seinem Grati-Tütchen vorgefunden? Ich nehme an, bei dem bewegt sich die alljährliche Zuwendung eher im vierstelligen Bereich, oder?
Saletti, Martina

To: Martina
From: Gigi
Subject: Wie machen die das bloss?
Ich weiss nicht, wie viel der gekriegt hat, aber so, wie der blöd gegrinst hat, nachdem er beim Scheff drinnen gewesen war, muss es eine happige Summe gewesen sein. Und wahrscheinlich glaubt er auch noch, er habe sie verdient!!!
Das ärgert mich am meisten: Sein Output ist so bescheiden, dass es kaum der Rede wert ist, aber er gibt sich so, als könnte der Laden ohne seine Wenigkeit gleich schliessen. Und der Scheff, der fällt auf so was auch noch rein.
Irgendwas mache ich einfach falsch.
Gigi (geknickt)

To: Gigi
From: Martina
Subject: Wir sind eben selber doof!
Liebe Gigi
Seien wir nun brutal ehrlich: Ein bisschen sind wir schon selber schuld an unserer Misere. Wir sind einfach zu bescheiden. Du sowieso, aber ich erst recht, ich arbeite für Gottes Lohn. Aber zum Glück bin ich überzeugt, dass Geld allein

nicht oder kaum glücklich macht. Das ist halt wie mit der Schönheit von innen. Die ist ja total wichtig – aber ein wenig darf sie ruhig auch von aussen kommen. Na ja, kann sein, dass der Vergleich nicht wirklich aufgeht, aber du weisst schon, was ich meine.
Tschüss, Martina

Wer regiert das Geld?

Es gibt keine Gerechtigkeit auf der Welt, und so ist es nicht weiter verwunderlich, dass auch das Geld weltweit ungleich verteilt ist. Frauen leisten gemäss Union Nation Report zwei Drittel der Arbeit, verfügen aber nur über einen Zehntel des Einkommens. Jetzt aber die gute Nachricht: Der Lohnrückstand der Frauen in der Schweiz hat sich laut Bundesamt für Statistik zwischen 1996 und 2002 gesamtschweizerisch von 23% auf 21% verringert – eine tolle Leistung, denn das sind pro Jahr doch satte 0,3 Prozent. Wenn das so weitergeht, dann können schon unsere Urenkelinnen damit rechnen, gerecht entlöhnt zu werden, also für die gleiche Arbeit gleich viel Lohn zu kassieren wie ihre männlichen Arbeitskollegen.

Interessanterweise treten heutzutage die grössten Lohnungleichheiten bei den am höchsten qualifizierten Arbeitnehmenden, also im Kader, auf. Das scheint mir besonders ungerecht, denn um überhaupt einen anspruchsvollen Beruf ausüben zu können, müssen allerhand Hürden genommen werden. Mit anderen Worten: Erst leistet frau viel Einsatz, um eine gute Ausbildung zu erlangen, dann reisst sie sich ein Bein aus, um die Karriereleiter aufzusteigen – um dann festzustellen, dass ihr Arbeitskollege auf gleicher Stufe sehr viel mehr Lohn heimträgt als sie selber. Und das, obwohl seit 1996 das

Gleichstellungsgesetz in Kraft ist, welches insbesondere jegliche Form der Diskriminierung im Bereich der Erwerbsarbeit verbietet. Es hat sage und schreibe sechs Jahre gedauert, bis es erstmals einer Einzelperson gelungen ist, eine Lohnklage gegen ein privates Unternehmen zu gewinnen. Jedenfalls wurde die Klage auf Verletzung des Gleichstellungsgesetzes einer Metallarbeiterin, die trotz gleicher Tätigkeit wie ihre männlichen Kollegen monatlich 1000 Franken weniger verdiente, in erster Instanz abgewiesen. Anders urteilte die zweite Instanz: Diese wertete die Tatsache, dass die Klägerin weniger verdiente, als klar diskriminierend und verurteilte den Arbeitgeber zu einer Lohnnachzahlung von 20 000 Franken. Pikantes Detail: Im Gegensatz zu ihren männlichen Arbeitskollegen verfügt die Frau über ein anerkanntes Fachdiplom ...

Fairerweise muss man aber sagen, dass wir Frauen ein klein wenig auch selber daran schuld sind, dass trotz bestehender Gesetze immer noch mittelalterliche Verhältnisse herrschen. Vielen fehlt es an Mut, Kraft oder Ausdauer, um für ihr Recht zu kämpfen. Oder ist Geld vielen Frauen einfach nicht wichtig genug? Männer, so scheint es mir, interessieren sich sehr viel mehr für Geld als Frauen. Für sie gilt: ‹Der Mann ist, was er hat›, und so machen sie nicht nur ihren gesellschaftlichen Status, sondern oft ebenso ihren persönlichen Wert von ihrem Einkommen bzw. ihrem Vermögen abhängig – wobei es bei Letzterem keine Rolle spielt, ob es sich um ihr eigenes Geld oder um dasjenige ihrer reichen, angeheirateten Frau handelt.

Und auch wenns ums Ausgeben geht, legen Männer ein völlig anderes Kaufverhalten als Frauen an den Tag. Sie wissen in der Regel sehr genau, was sie wollen, und exakt, wann sie etwas wollen – nämlich sofort. Der Flachbildschirm für den Computer wird dann gekauft, wenn er auf den Markt kommt,

... weil sie nicht für Brückentage vorarbeiten muss.

das grössere Auto, sobald das heiss ersehnte Modell erhältlich ist. Und sie unterscheiden nicht gross zwischen Luxus und Notwendigkeit, für sie ist praktisch jeder Luxus – vom handgefertigten Rennvelo über die rauschärmsten Lautsprecherboxen bis zum edlen Rasierwasser – schlicht unverzichtbar.

Auch was das Anlegen von Geld anbelangt, gibt es deutliche Unterschiede zwischen den Geschlechtern. Frauen wollen Verluste vermeiden, während Männer überdurchschnittliche Wertsteigerungen erzielen möchten. Sie sind denn auch sehr viel risikofreudiger und investieren eher in Aktien, während Frauen die sichereren, aber weniger rentablen Obligationen vorziehen.

Der Grund für das vorsichtige Investitionsverhalten der Frauen dürfte an der Grösse des Privatvermögens liegen, was wiederum auf die tieferen Löhne zurückzuführen ist. Eine grosse deutsche Umfrage hat ergeben, dass 18 Prozent der westeuropäischen männlichen Sparer über mehr als 50 000 Euro Vermögen verfügen. Bei den Frauen waren es nur gerade 11 Prozent.

Ein weiterer Unterschied: Frauen achten bei der Geldanlage nicht nur auf die Rendite, sie wollen meist genau wissen, wohin ihr Geld fliesst, und sicher sein, dass an ihren Gewinnen ‹kein Blut klebt›.

Geiz ist geil!

Das Verhältnis von Frauen zu Geld hingegen ist ein pragmatisches: Geld dient einfach als Mittel zum Zweck. Man bezahlt damit den Einkauf von Lebensmitteln, die Wohnungsmiete und die Gitarrestunden für das Kind. Wenn etwas übrig bleibt, dann reicht es sogar noch für die Ferien, eine neue Kaffeemaschine und vielleicht ein paar Mèches. So verschämt und verschwiegen Frauen mit Geld umgehen, könnte geradezu der Eindruck entstehen, Geld sei ein notwendiges Übel, über das man nicht spricht.

Nicht so bei Männern: Wer etwas auf sich hält, der kennt den SPI, den Dow Jones und die aktuellen Kurse der eigenen Aktien im Portfolio. Und dank der Lektüre einschlägiger Fachzeitschriften wirft man gerne in Männerrunden mit allerhand Anlegetipps um sich (die sich leider hin und wieder auch als Flops erweisen, aber das gehört jetzt nicht hierher).

Ganz klar den Männern überlegen sind die Frauen, was die Erfahrung im Verwalten des Haushaltsbudgets anbelangt. Rund zwei Drittel des privaten Konsums liegen fest in den (sparsamen) Händen der Hausfrau. Und das ist gut so, denn wem ausser Dagobert Duck gelingt es, sein Geld so gut zusammenzuhalten wie einer Hausfrau? Sie ist es, die es schafft, selbst mit dem allerkleinsten Budget über die Runden zu kommen. (Diese besondere Fähigkeit findet sogar sprachlich seinen Niederschlag, und so heisst ‹sparsam› auf Englisch ‹housewifely›.) Das Klischee der kampfshoppenden Hausfrau, die die Kreditkarte zum Glühen bringt, indem sie kopflos zusammenkauft, was ihr unter die rot lackierten Nägel kommt, ist denn auch völlig daneben.

Im richtigen Leben ist das Gegenteil der Fall: Die modernen (Haus-)Frauen beeinflussen oder treffen je nach Quelle über 70 Prozent der Kaufentscheide für sich und ihre Familie – das aber in der Regel erst nach reiflicher Überlegung und nachdem sie die verschiedenen Angebote geprüft haben. Die Veränderung der Rollenverteilung zwischen Frauen und Männern in den letzten Jahrzehnten hat sogar bewirkt, dass Frauen

... weil sie die Weltwoche dann lesen kann, wenn sie erscheint, und nicht erst, wenn sie beim Zeitungsbündeln darauf stösst.

auch bei typisch männlichen Kaufentscheidungen mitbestimmen, also zum Beispiel bei der Anschaffung eines Autos oder einer Hi-Fi-Anlage. Unter diesen Umständen erstaunt es sehr, dass sich Marketing und Verkauf selten direkt an die Zielgruppe Frau wendet. Werbemacher halten nach wie vor daran fest, ihre Medienwelt mehrheitlich mit Männern zu bevölkern. Untersuchungen der Fachhochschule Bochum haben ergeben, dass in der Werbung rund zwei Drittel der Figuren männlich und nur rund ein Drittel weiblich sind. Und dass Frauen oft noch in besonders doofen Rollen auftreten müssen, darüber ist auch schon allerhand geschrieben worden.

Aber wie auch immer: Das Haushaltgeld verwalten, das können die meisten Frauen wirklich meisterhaft. Dies erst recht, wenn nicht unbeschränkte Mittel zur Verfügung stehen. Dank den ständig steigenden Krankenkassenprämien, Mieten und Preisen bei gleichzeitigem Lohnnullwachstum ist es für immer mehr Frauen eine echte Herausforderung, mit dem Einkommen auszukommen. Und diese nehmen sie meiner Erfahrung nach auch ohne zu jammern an.

Jedenfalls habe ich noch nie gehört, dass sich eine Frau anderen gegenüber über den zu tiefen Lohn ihres Ehemannes bzw. ihr mickriges Haushaltbudget ausgelassen hätte. Über Geld spricht frau eben nicht (siehe vorn). Über Preise jedoch schon, und so tauschen sich Hausfrauen rege über die aktuellen Angebote in den Läden aus, informieren einander über laufende Aktionen oder gehen gemeinsam auf Schnäppchenjagd. Apropos Schnäppchenjagd – dieses Phänomen ist nicht neu, sondern soll es bereits in der Steinzeit gegeben haben, wie Trendforscher behaupten. Schon damals sei es darum gegangen, mit möglichst wenig Aufwand möglichst viel zu bekommen. Wenn also der Steinzeitmensch bereits nach einem einstündigen Marsch auf eine Antilopenherde traf, dann freute er sich, weil er mit ganz wenig Laufen ganz viel Essen gefunden hatte.

Die Bequemlichkeit allein ist es aber nicht. Damals wie heute wertet uns das Wissen darüber, wo es Teures günstig gibt, auf und erhöht unser Ansehen.

Wer kennt nicht all die Geschichten von 5-Sterne-Hotels zum Jugendherbergepreis? Vom Restaurant, in welchem die Schnitzel riesig und die Preise ‹munzig› sind? Und wer gibt nicht gerne einen ultimativen Geheimtipp dieser Art weiter? Die Gewissheit, dass wir schneller und cleverer waren als die anderen, hebt enorm die Stimmung. Ist doch immer ein gutes Gefühl, wenn man dieselbe Bluse von Esprit wie die Nachbarin zum halben Preis erstanden hat, oder?

‹Simple living› nennt man das heute, was die meisten Hausfrauen von jeher machen: mit relativ wenigen Mitteln viel Lebensqualität schaffen. Sie erkennen den Unterschied zwischen reinem Begehren und tatsächlicher Notwendigkeit und verfügen so über die besten Voraussetzungen, als Finanzmanagerin die Familie selbst bei knapper Haushaltskasse über die Runden zu bringen, ohne aber deswegen als lustfeindliche Sparsocke zu gelten. Wer es sich leisten kann, betreibt das so genannte hybride Kaufverhalten: Einerseits kann es nicht billig genug sein, anderseits gönnt man sich auch mal einen Luxus. Es ist ein Trend geworden, mit wenig Geld auszukommen und sich dennoch viel leisten zu können. Und so schreckt auch die gut situierte Hausfrau nicht davor zurück, Migros-Budget-Hörnli zu kaufen und diese in ihrer teuren Longchamps-Einkaufstasche heimzutragen.

... weil sie Zeit hat, die Kleininserate zu studieren, und so manches Schnäppchen ergattern kann, wie z.B. eine Gucci-Tasche für Fr. 12.50.

Manchmal darfs ein bisschen mehr sein

Obwohl im Grunde genommen die meisten Frauen recht bescheidene Wesen sind, können sie auch anders. Dann nämlich, wenn es um Geburtstags- oder Weihnachtswünsche geht. Und das ist richtig so. Wer das ganze Jahr über das Geld zusammenhält und die Familie vor dem finanziellen Ruin bewahrt, der darf sich mal was richtig Schönes wünschen – selbst wenn Sie damit dem erstaunten Partner eine neue Seite Ihrer Persönlichkeit präsentieren. Die Bescheidenheit, die Sie sonst immer an den Tag legen («Nimm du das grössere Stück Fleisch»), sollten Sie dann einfach vergessen. Ein neuer Dampfkochtopf oder ein praktischer Mixer? Nein danke, für einmal darf es reiner Luxus sein: Schuhe, wie sie die Frauen im ‹Gala› tragen; Cremen, die mit Nivea nur die Konsistenz, nicht aber den Preis gemeinsam haben; und teure Parfumflacons, deren bescheidener Inhalt gerade knapp in eine Barbie-Tasse passen würde.

Den Männern bleibt nichts anderes übrig, als unauffällig den Prospekt vom neuen Turbo-Nass-und-Trocken-Sauger – ihre Vorstellung von einem schönen Geburtstagsgeschenk – verschwinden zu lassen und zu versuchen zu retten, was noch zu retten ist. Auf Argumente wie «Du hast doch schon Schuhe» oder «Ich mag deinen ganz natürlichen Duft» dürfen Sie in dem Moment aber überhaupt nicht eingehen, denn nur so wird er sich mit dem Gedanken an ein RICHTIGES Geschenk vertraut machen müssen. Wir lassen ihn ja dabei nicht alleine. Ein paar gut platzierte Bemerkungen bzw. entsprechende Hinweise in Form von herausgerissenen Seiten aus Hochglanzmagazinen wird er schon zu deuten wissen. Das böse Erwachen hat er dann frühestens, wenn er mit dem guten Stück an der Kasse steht und seinen Augen nicht traut. Aber keine Angst: Welcher Mann will sich denn schon vor einer Verkäuferin, die locker als Angelina J.s kleine Schwester durchgeht, eine Blösse geben und eingestehen, dass ihm ein dreistelliger Betrag für ein kleines Täschchen einfach zu viel ist? Eben. Und darum finden Sie mit etwas Glück genau das Luxusteil auf dem Gabentisch, das Sie sich gewünscht haben. Und Ihr Mann darf stolz sein auf seine Grosszügigkeit und sich darauf verlassen, dass Sie sich morgen wieder in das gewohnt bescheidene Wesen («Ach, ich habe ja schon alles ...») verwandeln werden – und wird die Extraausgabe dank umsichtigem Haushalten bald wieder eingespart haben.

Macht Geld glücklich?

In diesem Zusammenhang ist die Grundsatzfrage «Macht Geld überhaupt glücklich?» interessant. Eine britische Studie ergab, dass Lottomillionäre bereits ein halbes Jahr nach dem Gewinn wieder ihren vorherigen Gefühlszustand erreicht hatten und damit entweder so glücklich oder so unglücklich waren wie eh und je – und manchmal auch wieder so arm wie vorher. Da ist zum Beispiel die Geschichte von ‹Lotto-Lothar›, der fast zwei Millionen Euro gewann und in den Medien grossspurig vorführte, wie er sich vom Gewinn einen Lamborghini, ein Pferd für die Tochter und ein Haus für seine Frau kaufte. Leider endete er als Alkoholiker, und die Millionen waren dann auch ganz schnell weg. (Vielleicht denken Sie ebenso wie ich, so blöd wären wir ganz bestimmt nicht, aber die Chancen, dass Sie oder ich das je beweisen können, stehen etwa eins zu 140 Millionen.)

Die meisten Menschen behaupten, dass Geld zwar nicht glücklich macht, es aber ungemein beruhigend ist, wenn man

... weil sie nach drei Tagen Krankheit kein Arztzeugnis bringen muss.

genug davon hat, um seinen Lebensunterhalt problemlos zu decken. Das mag für einige tatsächlich zutreffen, bei genauerem Hinsehen klingt es aber eher ein bisschen nach fauler Ausrede. Manche Menschen sind doch hinter dem Geld her wie der Teufel hinter der armen Seele. Das ist dann verständlich, wenn das Einkommen hinten und vorne nicht reicht und man deshalb sehr viel Zeit und Energie darauf verwendet, zu mehr Geld zu kommen.

Aber auch viele CEOs grosser Firmen können nie genug kriegen – dabei würde wahrscheinlich schon ihr Stundenhonorar locker für einen ganzen Monat inklusive täglich warme Mahlzeiten reichen. Wenn es also wirklich nur darum ginge, den Lebensunterhalt zu decken, dann fragt man sich, wozu diese Raffgier? Wer so viel Einsatz ins Geldverdienen steckt und selbst vor moralisch ganz linken Touren nicht zurückschreckt, für den ist Geld definitiv mehr als der Gegenwert fürs täglich Brot – Geld steht hier eher für Ansehen, Macht, Einfluss und Erfolg. Und es beruhigt ab einer gewissen Menge auch nicht, denn je mehr man davon hat, desto grösser ist doch die Angst, von anderen ausgenutzt oder beklaut zu werden. Das stresst gewaltig, und so sind reiche Menschen wohl kaum glücklicher als arme, die sich sorgen müssen, weil sie nicht wissen, womit sie Ende Monat die Miete bezahlen sollen.

Es ist also meiner Meinung nach weniger die Menge des Geldes als die Einstellung dazu und der Umgang damit, die über das Lebensglück entscheiden. Wer sein Geld vernünftig verwaltet, wer möglichst viel damit erreicht, dem geht es gut. Und gute Verwalterinnen und Verwalter setzen ganz gekonnt ihr Geld dort ein, wo es gemessen an den Erwartungen am meisten bringt. Für die Hausfrau beispielsweise heisst das, dass sie, wenn sie ein neues Fixleintuch braucht, versucht, ein möglichst günstiges zu finden, weil der Lustgewinn an einem Fixleintuch recht minim ist. Viel mehr Freude macht ihr ein Messer, das wirklich gut schneidet, und deshalb darf dieses auch ein bisschen teurer sein. Unter dem Strich jedoch geht die Rechnung wieder auf. Richtig glücklich macht sie aber weder das Messer und schon gar nicht das Fixleintuch, sondern die Tatsache, dass ihr das Messer dabei hilft, ihren Lieben eine feine Mahlzeit zuzubereiten, die sie mit viel Genuss und Freude zu sich nehmen und dies auch zeigen.

Damit will ich keineswegs behaupten, dass der Hausfrauenlohn einfach vom Tisch ist. Aber mehr darüber später.

... weil sie ihr Auto erst dann fährt, wenn der Schnee im Laufe des Tages von selbst geschmolzen ist.

Hausfrauen sind erotischer

To: Martina
From: Gigi
Subject: Tote Hose
Liebe Martina, es ist übel, ganz übel. Da bin ich frei und willig, aber Männer, die hier in der Stadt tatsächlich zum Flirten taugen, kannst du grad mal an einer Hand abzählen. Dabei bin ich längst nicht mehr so heikel wie früher und ziehe die Grenze erst bei Typen, die Socken in Sandalen und dazu ohrenschmalzfarbene Shorts tragen, und bei über 200-Kilo-Brocken. Aber ich werde einfach nicht fündig. Die besten Kerle sind schon vergeben. Und das Schlimmste: Die einzig wirklich gut aussehenden Single-Männer mit Stil sind ALLESAMT schwul. Was soll ich bloss tun?
Gigi (verzweifelt)

To: Gigi
From: Martina
Subject: Wie ist das möglich?
Was? Kein Flirtmaterial weit und breit? Das hätte ich nicht gedacht. Klar, bei uns in der Agglo-Reihenhaussiedlung geht die Post flirtmässig auch nicht so ab, aber du lebst ja schliesslich in der Stadt. Und wenn man den Medien Glauben schenken will, dann leben da nix als attraktive, charmante und geistreiche Singles, die geradezu darauf warten, mit jemandem wie dir eine Nummer zu schieben. Ich sag dir, mach deine Augen ganz weit auf. Denn nur wer mit offener Bluse – äh offenen Augen durch die Welt geht, wird auf einen Mann treffen, der zum Flirten und noch viel mehr taugt. Also, streng dich ein bisschen an, du schaffst das schon!

Ist mir ja auch gelungen, denn seit ich mich nicht mehr nur auf die Schnudernasen der Kleinen konzentriere, läuft bei uns auf der Waagerechten wieder sehr viel mehr.
Apropos: Wann willst du denn überhaupt einen Mann verführen, wo du doch praktisch rund um die Uhr im Büro hockst? Und so verzweifelt, dass du dich mit einem deiner langweiligen Bürokollegen einlässt, bist du ja wohl kaum.
Martina

To: Martina
From: Gigi
Subject: Wie machst du das?
Liebe Martina
Du hast gut reden mit deinem Angetrauten. Der kommt zu dir nach Hause, ganz ohne dass du ihn mit weiblicher List oder sonst was anlocken musst, und bestimmt ist er noch so dankbar über Zuwendungen aller Art. Und dazu sieht er sogar recht gut aus. Trotzdem: Verrat mir, wie du die ‹Was?-Schon-wieder-eine-Woche-vorüber?›-Routine durchbrochen hast. Einige meiner verheirateten Freundinnen scheinen vom Thema Sex nämlich derart gelangweilt zu sein, dass sie sich kaum mehr an den Begriff erinnern mögen und glauben, du redest in fremden Zungen, wenn du das Wort Sex in den Mund nimmst.
Ciao, Gigi

To: Gigi
From: Martina
Subject: Tipps & Tricks
Logo habe ich jede Menge Tipps und Tricks gelesen, weil das doch praktisch ein Dauerthema in den Frauenzeitschriften ist. Aber leider taugen die meisten nicht allzu viel.

... weil sie zwischen 9 und 11 Uhr in die Geschäfte der City gehen kann, wenn noch nicht so viele Leute dort sind.

Wenn ich meinen Mann im Schaumbad mit Kerzen und Champagner empfangen möchte, dann fackelt entweder das Badezimmer ab oder die Kleine höckelt mit ihren Barbies in meinem teuren Chanel-Nr. 19-Foaming-Bath oder der Grosse hat sich den Champagner unter den Nagel gerissen, um ihn sich zusammen mit seinen Kollegen beim Velounterstand des Schulhauses zu genehmigen. Oder stell dir vor, wir spielen ein Fesselspielchen und die Mittlere trifft auf ihren Papi, nackt an den Heizkörper gekettet! Die würde sich halb totlachen, und die väterliche Autorität wäre auf immer und ewig im Eimer. Dieses Risiko ist mir nicht einmal guter Sex wert! Nein, im Ernst, diese Tipps sind doch in den allermeisten Fällen Fantasien von frustrierten Redaktorinnen, die Frauen wie ich erst dann verwirklichen können, wenn auch das jüngste Kind volljährig und ausgezogen ist – also in rund acht Jahren.
Gruss, Martina

To: Martina
From: Gigi
Subject: Sags endlich!
Also rück schon raus mit dem Geheimnis! Du weisst ja, mir ist nichts Menschliches fremd.
G.

To: Gigi
From: Martina
Subject: Iss, Kind, iss!
Okay, okay, aber erwarte nicht zu viel: Der Trick besteht darin, dass die Lust quasi mit dem Essen kommt – wieder und wieder. Oder mit anderen Worten: Je mehr Sex du hast, desto häufiger hast du Lust drauf. Ist ein total simples

Rezept, aber es funktioniert – und wenn du dazu noch irgendwelche Spielchen oder Accessoires verwendest, ist das auch gut, doch ich würde sagen: «Ein Straps macht noch keine Erotik», wenn du weisst, was ich meine. Also, ran an den Mann!
Ciao, Martina

Die grosse Sexlüge

Gehören auch Sie zu den zahlreichen (verheirateten) Frauen, die allwöchentlich mit grossen Augen die Kult-Serie ‹Sex and the City› verfolgt haben, in welcher vier Single-Frauen ständig auf der Suche nach Mr. Right sind? Kein Problem, wenn man so aussieht wie die Hauptdarstellerinnen: gertenschlank und durchtrainiert, obwohl sie ständig im Restaurant hocken und nie Sport treiben. Haare und Make-up sitzen immer perfekt, und auf ihren Manolos bewegen sie sich so geschmeidig und sicher wie Naomi, Heidi & Co. Zudem haben sie offensichtlich massenhaft Kohle, obwohl man kaum je eine von ihnen ernsthaft hat arbeiten sehen. Vor allem aber haben sie jede Menge aufregenden Sex.

‹Sexuelle Selbstbestimmung› nennt man das, was Carrie und ihre Kameradinnen in der Serie treiben – für die allermeisten Single-Frauen bleibt diese eher ein theoretischer Wert, zumindest wenn man nicht nur Sex mit sich selber haben möchte. Oder anders gesagt: Das, was man gutgläubigen Frauen verschiedenster Zivilstände im Fernsehen in zahllosen Folgen unterjubeln wollte, ist reiner Mythos. Jedenfalls könnte die durchschnittliche allein stehende Schweizer Kolumnistin im Gegensatz zur Hauptdarstellerin Carrie bestimmt nicht jede

Woche eine Kolumne mit ihren sexuellen Abenteuern füllen. Es würde höchstens für einen kurzen Beitrag in einer monatlich erscheinenden Zeitschrift reichen. Denn gemäss einer Umfrage, die die Forsa-Gesellschaft 2002 im Auftrag der Zeitschrift ‹Max› durchführte, hat die Hälfte aller Singles in Deutschland seltener als alle vier bis fünf Wochen Sex. Nur gerade sechs Prozent verbringen ein- oder mehrmals wöchentlich die Nächte nicht alleine. Und diese Zahlen dürften eher aufgerundet sein, denn wer gibt schon gerne zu, dass erotikmässig nicht viel läuft? Jedenfalls ist es nicht verwunderlich, dass Ratgeberliteratur vom Genre ‹Du kannst sie alle haben› (dabei würde eine oder einer schon reichen) ebenso boomt wie Kurse à la ‹Flirten leicht gemacht›. Und dass Online-Partneragenturen so erfolgreich sind, spricht ebenfalls für sich.

Ein Kerl muss her – aber subito!

Reden wir Klartext. Was in Filmen und Büchern noch recht witzig wirkt, ist im richtigen Leben harte Knochenarbeit: die Suche nach Mr. Right oder wenigstens Mr. Geht-geradenoch-so-durch. In der Regel läuft sie ungefähr nach dem folgenden Muster ab (eine Rekapitulation für alle, die das mühsame Prozedere selbst a) verdrängt, b) vergessen oder c) noch nie erlebt haben): Als Erstes probiert frau stundenlang die ganze Garderobe durch, bis sie ein Outfit gefunden hat, das sie nicht aussehen lässt, als sei sie dem Ulla-Popken-Katalog entstiegen, macht ewig an Haar und Make-up rum und stöckelt dann in Begleitung einer ebenso aufgebrezelten Freundin in irgendeine Bar, von der das Gerücht ausgeht, dass dort lauter gut aussehende Single-Männer nur darauf warten, jemand Flottes kennen zu lernen. Das Erste, was einem aber auffällt: Es gucken immer die Falschen. Mit einem Schlag wirkt das Liebesglück, das man auf diese Weise zu finden hoffte, nicht halb so attraktiv wie die Vorstellung einer Fertigpizza in der Linken, eines Biers in der Rechten und Günther Jauch in der Frontalen, der schon wieder einen Millionär sucht (und da ist er weiss Gott nicht der Einzige ...).

Aber jede einigermassen lebenserfahrene Frau weiss: Wenn es einen Ort auf der grossen, weiten Welt gibt, wo man garantiert nicht auf den Traummann trifft, dann sind es die eigenen vier Wände – es sei denn, der Servicemann von Electrolux ist nicht von der besserwisserischen, sondern von der sexy Sorte. Also heisst es durchhalten und dranbleiben und weiterhin aufs gute Aussehen setzen. Denn es gilt nach wie vor: Schönheit kommt von aussen! Da können irgendwelche Experten oder gut meinende Freundinnen noch lange was von ‹inneren Werten› erzählen. Wir wissen es besser.

Glücklicherweise aber findet nicht in allen Lokalen eine Miss-Schweiz-Vorauswahl statt, und so hat auch die durchschnittlich ausgestattete Frau die Chance, jemanden kennen zu lernen, der ebenso durchschnittlich bestückt ist. Allzu heikel darf die Single-Frau jedoch nicht sein, will sie nicht ewig Single bleiben. Also schaut man bei den potenziellen Kandidaten grosszügig über die glänzende Stirnglatze, die üblen Prince-Stiefeletten oder im schlimmsten Fall über beides hinweg. Und wenn alles nichts hilft, ordert man noch einen Drink (Alkohol schönt – das gilt für beide Geschlechter). Aber nach spätestens einer Viertelstunde heisst es: Ran an den Mann! Schliesslich hat man sich nicht hierher bemüht, um dann unverrichteter Dinge und vor allem alleine wieder heimzuzotteln.

Dank Flirtforschung und ‹Bravo› weiss inzwischen jedes einigermassen aufgeweckte Kind, dass das Ankurbeln des Liebeslebens am besten mit einem flüchtigen Blick beginnt, gefolgt von einem längeren Augenkontakt. Nach ein paar Sekunden wendet man den Blick kurz ab, setzt ein Lächeln auf und sucht erneut Augenkontakt. Dann folgt Flirtstufe zwei: das Ansprechen. Eine besonders heikle Sache, denn man möchte gleichzeitig charmant, freundlich, intelligent, witzig, halt einfach umwerfend auf den anderen wirken – und dabei locker und natürlich bleiben.

Na ja, am besten überlässt man das dem Mann, denn wer will sich schon eine Abfuhr einheimsen, wo doch schon kleine Körbchen mächtig am Ego nagen? Also ist es an ihm, sich etwas einfallen zu lassen, das unaufdringliches Interesse zeigt – praktisch ein Ding der Unmöglichkeit. Hauptsache, er verzichtet auf den ödesten Spruch aller Zeiten: «Kennen wir uns nicht von irgendwoher?» Ab dem entscheidenden Moment der Kontaktaufnahme gibt es verschiedenste Szenarien, wie die Sache weiter verläuft. Im besten Fall versteht man sich blendend, hat jede Menge Spass und viele gemeinsame Interessen, verliebt sich im Laufe des Abends unsterblich ineinander und hat den besten Sex seines Lebens (Reihenfolge beliebig). Im schlechtesten Fall schleicht frau nach Hause und bucht einen vierwöchigen Kurs ‹Mandala-Malen in der Wüste Sinai›. Dazwischen gibt es unzählige Varianten, die ich Ihrer eigenen Fantasie überlasse.

Voll im Saft

Ganz schön viel Aufwand für ein bisschen Sex, nicht wahr? Da hat man es als Hausfrau schon sehr viel einfacher, denn wenn einen die Lust packt, ist in der Regel innerhalb von zwölf Stunden jemand da, der ebenfalls willig ist. Und im

Gegensatz zu berufstätigen Paaren, die nach Feierabend erst noch den Haushalt erledigen müssen, kann es die Hausfrau einigermassen entspannt angehen. Die Einkäufe sind gemacht, die Wäsche ist gebügelt und der Teppich gesaugt. Und das Beste: Streitthema Nummer 1 unter berufstätigen Paaren, nämlich die ewige Diskussion um die Aufteilung der Hausarbeit, entfällt. So bleibt genügend Zeit für lustvollere Themen als die Frage danach, wer für den Klopapier-Vorrat verantwortlich ist. Wen wunderts, dass es denn auch die Hausfrauen sind, die gemäss einer Studie des Emnid-Instituts durchschnittlich am häufigsten Sex haben?

Natürlich müssen auch Hausfrauen Kompromisse eingehen: Wenn die Männer nach getaner Arbeit heimkommen, ist die Bude nicht sturmfrei, sprich: die Kids wollen essen oder Mathe erklärt bekommen oder Monopoly spielen oder von Luca erzählen, der sie geärgert hat, oder zusammen mit dem Papi ‹Die Simpsons› gucken. Aber irgendwann einmal sind die Kleinen im Bett, und wenn dann Mutter und Vater vom Tageswerk nicht allzu erschöpft sind, könnten sie noch die wildesten Dinge tun. Eigentlich schade, dass man diese Gelegenheit nicht häufiger nutzt.

Anderseits: Wer mag denn nach zehn Jahren Ehe, nach einem langen Tag mit quengelnden Kindern und nach unzähligen Wäschekörben voller Buntwäsche, teils nicht mal pflegeleicht, noch an Sex denken? Und überhaupt, wenn man erst mal 40 ist, hat man ohnehin weniger Lust auf Sex, oder? Falsch! Gemäss einer Studie, die von der britischen Zeitschrift ‹Health Plus› im Jahr 2005 in Auftrag gegeben wurde, finden 77 Prozent der befragten Frauen über 40 Jahren, sie hätten jetzt mehr Spass am Sex als mit 20. Mehr Lust auf Sex als in

... weil sie auch mal Gummischlangen in der Öffentlichkeit mampfen kann, ohne dabei das Gesicht zu verlieren.

jüngeren Jahren verspüren 45 Prozent der Frauen. Ein sichereres und besseres Verhältnis zu ihrem Körper haben 66 Prozent der Frauen. Und eine weitere Studie der Freien Universität Berlin mit Frauen zwischen 50 und 70 beweist, dass Frauen bis ins hohe Alter genuss- und orgasmusfähig bleiben. Sie fühlen sich auch nicht weniger sexy.

Zugegeben, mit 17 waren die meisten von uns knackiger, als wir es heute sind. Aber dafür hatten wir keine Ahnung von nix – schon gar nicht von Sex. Inzwischen haben unsere Körper einiges überstanden, von Schwangerschaften über Blitz-Diäten bis zu stundenlangem Herumstehen vor der Ticketausgabestelle fürs ‹Talking Heads›-Konzert, Krampfadernoperationen und schlecht sitzenden Bügel-BHs. In Sachen Sex und Erotik haben wir viel dazugelernt – Übung macht die Meisterin – und so können wir auch mehr Wert auf eine gelungene Performance legen als auf cellulitefreie Oberschenkel (die im Übrigen selbst unter den 17-Jährigen längst nicht alle vorweisen können). Jedenfalls wissen die allermeisten Frauen in diesem Alter, was ihnen Spass macht, und das ist schon die beste Grundlage für wirklich guten Sex – wenn es denn überhaupt so weit kommt.

Null Bock?!

Leider ist die sexuelle Unlust inzwischen derart verbreitet, dass es bereits einen Fachausdruck dafür gibt (selbstverständlich aus dem prüden Amerika, dem Land, in welchem ein seitenspringender Präsident jegliche politische Glaubwürdigkeit verliert): LSD, das heisst Low Sexual Desire. Dazu gibt es ein paar ganz interessante Zahlen: Bei deutschen Sexualberatungsstellen klagen heute angeblich bereits 60 Prozent der weiblichen und 15 Prozent der männlichen Klientel über sexuelle Unlust. Vor 20 Jahren waren es erstaunlicherweise lediglich zehn Prozent aller Frauen beziehungsweise fünf Prozent aller Männer. Das lässt aufhorchen: Was hat sich denn in den letzten zwanzig Jahren so massiv geändert?

Im Gegensatz zu früher, als es noch einige Anstrengung erforderte, sich mit sexuell aufreizenden Bildern einzudecken, und dementsprechend auch der Zeitpunkt dafür selber gewählt wurde, ist es heute doch so, dass man als Massenkonsument und -konsumentin eine solche Entscheidung gar nicht mehr treffen kann. Fachleute sprechen von einer Sexualisierung der Öffentlichkeit und meinen damit, dass man heute kaum ein Magazin aufschlagen, einen TV-Spot sehen kann, an einem Werbeplakat vorbeikommt, in welchem nicht Sex zumindest angedeutet wird. ‹Sex sells› heisst es, und so ist kein Produkt zu banal, vom Haarshampoo bis zum Tiefkühlspinat, um nicht mit Sex in Verbindung gebracht zu werden. Der Trick dabei ist folgender: Dadurch, dass wir von der so aufbereiteten Sexualität praktisch überfallen werden, uns aber nicht in einer sexuellen Situation befinden, sind wir gezwungen, diese Erregung im Moment ihres Auftauchens wieder abzubauen. Dies erfolgt idealerweise dadurch, dass wir sie auf das beworbene Produkt verschieben. Im Klartext heisst das: Wir finden den beworbenen Tiefkühlspinat sexy und greifen zu, wenn wir das nächste Mal vor der Tiefkühltruhe im Laden stehen.

Ganz besonders plump arbeitet die Automobilwerbung mit diesem Trick: Am Salon in Genf, und nicht nur da, räkeln sich halb nackte Schönheiten auf den Kühlerhauben und zaubern so aus einer recht banalen Limousine, beispielsweise aus dem Land des Lächelns, ein richtig sexy Gefährt. Und was beim Auto funktioniert, das geht auch mit x-beliebigen anderen Produkten, oder etwa nicht? Jedenfalls könnte einem vor lauter Brüsten und Schmolllippen, nackter Haut und straffen Pobacken wirklich die Lust schwinden. Zu viel ist zu viel, und da ergeht es einem wie der Arbeiterin in der Schokoladefabrik. Ich glaube kaum, dass die abends genüsslich vor dem Fernseher noch ein paar Pralinen zu sich nimmt. Keine Lust auf Süsses, oder eben: Null Bock auf Sex!

Während der Ferien schleckt unsere Schokoladenfabrikarbeiterin aber vielleicht schon mal geniesserisch ein Schoggistängeli. Mit anderen Worten: Wenn man für einmal auf allzu reichlichen Medienkonsum verzichtet, bekommt Sex wieder eine ganz andere, verlockendere Dimension.

Doch die Allgegenwart von Sex ist nur das eine. Ein weiterer Grund für die galoppierende Lustlosigkeit ist meiner Meinung nach der Leistungsanspruch. Man kann längst nicht mehr einfach nur Sex haben. Nein – wildes Gestöhne gehört ebenso dazu wie allerhand Verrenkungen, die verzweifelte Suche nach dem G-Punkt, multiple Orgasmen, diverse Gerätschaften, Kostüme und Maskierungen – und das mindestens zwei-, dreimal pro Woche.

Sex ist ein Leistungssport, da muss jeder sein Bestes geben, wollen uns Werbung und Medien weismachen. Und damit werden übertriebene Ansprüche an das Sexleben in Partnerschaften gestellt, die auf alle Beteiligten Stress und Druck ausüben. Oder anders formuliert: Ich will eigentlich nur ein bisschen joggen, was soll ich da an einem Marathonlauf? Eben!

Fit durch Sex

Sex in der richtigen Dosierung und Machart macht aber nicht nur Spass, sondern hat einige weitere positive Nebeneffekte. Der beste: Sex macht schlank. Ein italienischer Ernährungsexperte hat ausgerechnet, dass man in einer halben Stunde Sex kalorientechnisch eine halbe Pizza verbrennt. Und Sex ist gut gegen Schmerzen. Kurz vor dem Orgasmus steigt die Konzentration des Hormons Oxytocin auf das Fünffache des Normalen. Das setzt Endorphine frei, die Schmerzen aller Art lindern – und zwar auch längerfristig. Die Migräne-Ausrede zieht also definitiv nicht mehr, im Gegenteil: «Schatz, bitte jetzt. Ich hab Migräne.» – Ist doch mal was anderes!

Und wenn Sie nach all diesen Ausführungen immer noch Zweifel haben und immer noch von sich glauben, dass Sie als Hausfrau nicht begehrenswert sind, weil Sie sich durch Ihren Beruf nicht aufregend oder sexy genug fühlen, dann sollten Sie mal schleunigst Ihren Computer anwerfen. Gibt man nämlich auf der Internet-Suchmaschine Google den Begriff ‹Hausfrauen-Sex› ein, so erscheinen über 330 000 Treffer! Das Wort ‹Managerinnen-Sex› hingegen bringt es nur auf mickrige drei Treffer. Na, also! Das ist doch Beweis genug, dass Hausfrauen erotikmässig ganz offensichtlich mehr zu bieten haben als ihre erwerbstätigen Geschlechtsgenossinnen.

... weil sie sich keine faule Ausrede ausdenken muss, wenn sie am Vorabend zu lange gefeiert hat und deshalb nicht zur Arbeit kommen kann.

Hausfrauen sind kontaktfreudiger

To: Martina
From: Gigi
Subject: Kino?
Liebe Martina
Hast du Lust, nächste Woche wieder mal unter die Leute und mit mir ins Kino zu kommen? Der neue Scorsese soll gut sein. Was meinst du?
Bis bald, Gigi

To: Gigi
From: Martina
Subject: Wollen schon, aber ...
Liebe Gigi
Kino finde ich immer gut, hätte auch Lust dazu, hab aber leider nächste Woche null Zeit und übernächste siehts ebenfalls nicht so gut aus. Wie wärs mit Mittwoch in drei Wochen?
Saletti, Martina

To: Martina
From: Gigi
Subject: Hä?
Meine Liebe, willst du mich veräppeln oder was? Mittwoch in drei Wochen??? Du willst doch nicht im Ernst behaupten, dass du nächste Woche jeden Abend was loshast?
Gigi (ungläubig)

To: Gigi
From: Martina
Subject: Rapport
Liebe Gigi
Also gut, wenn du es genau wissen willst: Am Montag habe ich Elternabend, am Dienstag gehe ich ins Yoga, am Mittwoch treffe ich mich mit der englischen Lesegruppe, am Donnerstag bin ich an der Vorstandssitzung des Familienclubs, am Freitag muss ich mich etwas ausruhen und vorbereiten, weil wir am Samstag und Sonntag Besuch aus München bekommen. Alles klar?
Martina

To: Martina
From: Gigi
Subject: Hut ab!
Um Gottes willen, Martina! Ich hatte ja keine Ahnung. Noch eher krieg ich eine Audienz beim Ratzi als ein Date mit dir … Ja, dann halt am Mittwoch in drei Wochen.
Grüsse, Gigi

To: Gigi
From: Martina
Subject: Super
Liebe Gigi
Danke für dein Verständnis. Dann also in drei Wochen.
Tschüss, Martina

PS: Du, den neuesten Scorsese habe ich letzte Woche schon gesehen …

… weil sie nie darüber enttäuscht sein muss, dass sie nur so eine mickrige Gehaltserhöhung bekommen hat.

Einsam?

In manchen Köpfen geistert immer noch das Bild der frustrierten, weil einsamen Hausfrau herum. Solange die Kinder klein sind, ist sie umgeben von infantilem Gebrabbel, das die geistreiche Konversation zwischen Erwachsenen verdrängt oder gänzlich ersetzt. Und ist der Nachwuchs grösser, wird es auch nicht unbedingt besser. Morgens hetzen Kinder und Mann aus dem Haus, das Frühstücksbrot noch kauend. Zum Mittagessen kommen die Kids kurz nach Hause, schaufeln schnell eine Mahlzeit rein, meckern ein bisschen über die Lehrer und die Schule im Allgemeinen und düsen dann wieder ab. Wenn die Schule nachmittags aus ist, sind die Kinder entweder mit ihren Kollegen unterwegs oder sie höckeln vor dem Computer und tauschen sich per MSN mit anderen Teenies aus. Und der Ehemann ist nach einem langen, harten Arbeitstag froh, wenn er nichts mehr bieten muss. Kurz: Keiner spricht mit der Hausfrau, keiner interessiert sich für ihre Belange. Sie sitzt traurig und verlassen herum, denkt sich «Niemand liebt mich» und ist überzeugt, dass es nur eine Frage der Zeit ist, bis sie völlig verstummt und vereinsamt.

Diese Vorstellung ist total unrealistisch, denn soziale Kontakte sind nicht in erster Linie durch die Rolle bzw. den Beruf eines Menschen bestimmt, sondern hauptsächlich durch die Person. Und nicht die Menge der Kontakte, sondern die Qualität ist entscheidend dafür, ob man sich aufgehoben und sicher fühlt. So kann jemand im Job täglich vielleicht nur auf zwei, drei Menschen treffen, ohne sich deswegen ausgeschlossen zu fühlen. Umgekehrt hat jemand jeden Tag mit 20 oder 30 Leuten zu tun und fühlt sich trotzdem einsam. Dabei bräuchte es für gute Sozialkontakte nur Zeit und die Bereitschaft, zuzuhören und sich auf andere einzulassen.

Gerade als Hausfrau hat man im Laufe des Tages jede Menge Begegnungen mit Mitmenschen, mit denen man sich mehr oder weniger intensiv austauscht. Mit dem netten Pöstler macht man Smalltalk; mit der Nachbarin führt man ein schwieriges Grundsatzgespräch über die Höhe der gemeinsamen Hecke weiter, das man vorgestern angefangen hat; mit dem sympathischen Service-Mann von Miele unterhält man sich über die Vor- und Nachteile eines Einbau-Kaffeevollautomaten und mit der Freundin diskutiert man angeregt darüber, warum die Schweizer Literatur seit zehn Jahren in einer Krise zu stecken scheint. Dazu kommt noch der Austausch mit einer Vielzahl anderer Personen, angefangen bei der Spielgruppenleiterin des Jüngsten über die Mitglieder der Walking-Gruppe bis zu den anderen Freiwilligen im Kulturzentrum.

Die Kontakte der Hausfrauen bewegen sich nicht nur auf der Smalltalk-Ebene, sondern gehen oft zur Sache. Sie müssen sich mit Argumenten eindecken und die richtigen Fragen stellen können, wenn sie im Gespräch mit Fachleuten wie Ärzten, Zahnärzten, Lehrpersonen, Schulleitern, Versicherungsvertretern, aber auch Handwerkern wie Malern, Schreinern, Gipsern, Sanitärinstallateuren, Elektrikern oder mit Architekten, Baumeistern und Gärtnern, um nur einige zu nennen, bestehen wollen. Welche Hausfrau mit einem Funken Berufsstolz im Leib würde sich denn heutzutage noch mit den Worten «Ach, wissen Sie, davon verstehe ich nichts, ich bin bloss Hausfrau, fragen Sie lieber meinen Mann» aus der Affäre ziehen? Das im Vergleich zu früher sehr viel selbstbewusstere Auftreten trägt Früchte, denn kein Automechaniker traut sich heute noch, Ihnen direkt ins Gesicht zu sagen: «Gute Frau, melden Sie Ihrem Mann, er soll mich anrufen, damit ich ihm alles erklären kann», wenn er Ihren Wagen je wieder in seiner Werkstatt sehen will. Hausfrauen sind wichtige Kundinnen und müssen deshalb ernst genommen und mit Respekt behandelt werden. Das gilt für den Mechaniker ebenso wie für alle anderen, falls sie Wert drauf legen, jemals wieder einen Auftrag zu bekommen.

Kommt alle her!

Frauen sind ausgesprochen soziale Wesen, und so ist es für die meisten selbstverständlich, Kontakte zu knüpfen und Beziehungen zu pflegen. Sie haben deshalb in der Regel einen grösseren Bekanntenkreis als Männer, denn bei diesen laufen die meisten Kontakte über die Arbeit. Wechselt man den Job, werden die alten Arbeitskollegen durch neue ersetzt.

Nicht so bei der Hausfrau. An ihrem Wohnort knüpft sie immer wieder neue Beziehungen, die zum Teil ein Leben lang halten. Das gilt erst recht für Hausfrauen mit Kindern. Im Laufe der Kindergarten- und Schulzeit lernen sie jede Menge andere Mütter kennen, und wenn man sich gut versteht, entstehen aus den lockeren Kontakten schnell einmal Freundschaften, die immer noch bestehen, wenn die Kinder schon längst erwachsen sind.

Diese Orientierung nach aussen macht offen und empfänglich für die Anliegen anderer Menschen, und deshalb verwundert es auch nicht, dass Hausfrauen eigentliche Drehscheiben sind, was die Beziehungen der ganzen Familie zur Aussenwelt betrifft. Sie sind es, die den gemeinsamen erwachsenen Freundeskreis pflegen mit Einladungen, Karten zu wichtigen Ereignissen, Weihnachtsgrüssen und Telefonaten dann und wann, um zu hören, wie es so geht. Hausfrauen haben in der Regel nicht nur mehr Zeit und Gelegenheit, um Kontakte zu knüpfen, sondern auch mehr Interesse daran, die Beziehungen zu ihren Mitmenschen über Jahre und Jahrzehnte hinweg aufrechtzuerhalten – unter anderem, indem sie Freunde, Bekannte, Verwandte und Kollegen um ihren gemütlichen Esstisch versammeln und sie mit allerhand feinen Rezepten aus ihrer Küche verwöhnen.

Und dafür scheuen sie keine Mühe, denn wer Gäste bewirten will, braucht Zeit, Organisationstalent und Kraft. Und jeder, der jemals den Kochlöffel geschwungen hat, weiss, dass der Satz ‹Nichts Kompliziertes, ein Teller Spaghetti reicht› von Seiten der geladenen Gäste einen fast genauso lang an den Herd zwingt wie in Knoblauch, Oliven und Weisswein geschmorte Pouletschenkel mit Polenta. Es sei denn, man rührt irgendeine Fertigsauce an – aber welche echte Hausfrau würde denn so was überhaupt nur in Erwägung ziehen? Für sie ist eine Einladung kein Pflichtprogramm, das ab und zu absolviert werden muss, sondern eine echte Herausforderung, auf die sie sich freut und die sie voller Energie anpackt. Immerhin gibt es einiges zu tun: den Besuch einladen, das Menü planen, Lebensmittel und Getränke einkaufen und anschleppen, putzen und aufräumen, den Tisch dekorieren, kochen und am Schluss alles wieder aufräumen, abwaschen, eventuell wiederum putzen und so weiter und so fort. Eine Menge Arbeit, aber diese nimmt sie auf sich, weil sie sich gern mit Menschen umgibt, ihnen und auch sich selbst eine Freude bereiten möchte. Und wenn sie Glück hat, kann sie sogar auf etwas Unterstützung durch ihren Partner zählen, zum Beispiel bei der immens anspruchsvollen Aufgabe des Weindekantierens! Das alles bringt ihr weder Geld noch eine Verbesserung der Karriereaussichten. Aber es bringt Lebensqualität – und nicht zu vergessen Renommee bei den anderen (Haus)frauen und deren Angetrauten («Wow, also eins muss man ihr lassen: Sie kocht wie eine Göttin!»).

... weil sie sich in keine Firmenuniform aus Polyester zu zwängen braucht.

Starke Familienbande

Die Hausfrau ist in der Regel diejenige, die den Kontakt zu den Ursprungsfamilien aufrechterhält, also auch zu der ihres Mannes. Und selbst wenn sie ihren Schwiegervater nicht besonders mag, würde sie niemals vergessen, ihren Mann an seinen Geburtstag zu erinnern. Meist ist auch sie es, die ein Geschenk besorgt und das Fest organisiert, wenn ein Runder ansteht. Sie ist es, die die Schwester des Mannes anruft, um zu fragen, wie denn die Rückenoperation verlaufen ist. Und wenn der kleine Bruder ihres Gatten erstmals Vater wird, ist wiederum sie es, die zur jungen Mutter eilt mit Blumen für Mami und einem Steiff-Teddy fürs Baby.

Unermüdlich sorgt sie dafür, dass die Familienbande stark bleiben, und bei der Pflege dieser Beziehungen lebt sie nebenbei ihren Kindern eine enorm wichtige Eigenschaft in vivo vor: Toleranz. Tante Erika ist zwar manchmal total ätzend mit ihrer Begeisterung für Esoterik («Die Aura eines Menschen sagt mehr als tausend Worte»), und Cousin Thomas geht einem ziemlich auf den Wecker mit seinem Auto-Spleen («Der neue XK5 mit doppelt vernoppelter Nockenwelle leistet satte 90 PS bei 3800 Umdrehungen pro Minute»). Aber sie gehören ebenso zur Familie wie Cousin Jerôme-Joël, dessen angebliche Hochbegabung sich darin äussert, dass er den Erwachsenen ständig dreinredet.

Wer Familienmitglied ist, der wird eingeladen – selbst wenn er unter den ‹20 nervigsten Verwandten› auf Platz 1 steht. Hausfrauen leisten damit einen wertvollen Beitrag dazu, dass die traditionelle Familie, die ‹Keimzelle der Gesellschaft›, nicht zum Auslaufmodell wird und ihr nicht das gleiche Schicksal droht wie einem Ford Thunderbird (zur Info für alle, die mit Autos nichts am Hut haben: Das ist ein Kultauto, welches unter anderen auch Marilyn Monroe einst gefahren hat): Gegen ein paar Franken Eintrittsgeld kann man sie an einem verregneten Sonntag im Museum besichtigen, und am Souvenirstand beim Ausgang gibt es sie auf Postkarten, T-Shirts und Aschenbechern.

Hausfrauen halten nicht nur die Familie zusammen, sie schaffen auch eine Brücke zwischen den Generationen. Sie pflegen regen Kontakt zu den jüngsten, die sie in der Regel selbst geboren haben, aber ebenso zu älteren Menschen: Sie holen für die Nachbarin, die nicht mehr Auto fahren kann, weil sie so schlecht sieht, zwei Harasse Rhäzünser aus dem Laden und nehmen sich die Zeit für einen kleinen Schwatz. Sie kümmern sich um ältere Menschen, die vom Rest der arbeitstätigen Bevölkerung meist ignoriert werden. Es sei denn, diese wagen es, nach 17 Uhr einkaufen zu gehen. Dann werden sie als Ärgernis wahrgenommen («Was muss diese alte Kuh ausgerechnet am Feierabend im Laden rumstehen? Hat doch den ganzen Tag nichts anderes zu tun»). Der Hausfrau bringt der Umgang mit ihnen menschlichen Gewinn, gute Freundschaften und wertvolle Beziehungen, denn niemand ist so umfassend informiert wie die Alten. Sie wissen, wie man kränkelnde Hortensien pflegt, und kennen ein gutes Quittengelee-Rezept. Sie wissen auch, dass die kinderlose Frau Kunz bald ins Altersheim muss und dass sie ihr Haus an eine nette Familie verkaufen möchte – zum Beispiel an ihre! Und nicht zuletzt birgt der Umgang mit älteren Mitmenschen die Hoffnung und den Trost, dass man im Alter vielleicht auch einmal so eine nette und hilfsbereite Hausfrau als Nachbarin haben wird, wie man selbst eine ist.

... weil sie den Stellenanzeiger nicht lesen muss.

Wie ich dir, so du mir

Viele soziale Kontakte der Hausfrau haben nicht nur eine emotionale, sondern häufig eine sehr pragmatische Komponente und beruhen auf einem Geben und Nehmen. Heute kommen die Kinder der Nachbarin zum Mittagessen zu ihr, nächste Woche sind ihre Kinder dafür bei der Nachbarin – und die Hausfrau kann über einen ganzen ‹freien› Tag verfügen, an dem sie viele Sachen gezielt und am Stück erledigen kann. Dafür ist sie dankbar und deshalb gern bereit, notfallmässig einzuspringen, wenn eine andere Hausfrau krankheitshalber auf Hilfe angewiesen ist. Dadurch, dass sie ein offenes Ohr für die Sorgen und Probleme der anderen hat, findet sie selbst auch Unterstützung, wenn es ihr mal nicht so gut geht und sie Zuwendung und Trost braucht.

Es ist längst erwiesen, dass Frauen ihre Anliegen eher mit anderen Frauen besprechen als mit ihren eigenen Partnern. Das hängt mit der unterschiedlichen Gesprächskultur der beiden Geschlechter zusammen. Männer unterhalten sich zielgerichtet, wie schon John Gray in seinem Bestseller ‹Männer sind anders, Frauen auch› festgehalten hat. Wenn einem Mann ein Problem geschildert wird, glaubt er, es lösen zu müssen (Sie: «Ich weiss nicht, was mit Franziska los ist, in letzter Zeit ist sie so wortkarg.» Er: «Frag sie doch einfach, was sie hat.» Ende des Gesprächs). Als wenn die Partnerin nicht selber auf so eine Lösung hätte kommen können! Frauen hingegen geht es in erster Linie nicht darum, eine pfannenfertige Lösung präsentiert zu bekommen, die sie dann gefälligst auszuführen haben, sondern vielmehr darum, sich auszutauschen und laut zu denken (Sie: «Ich weiss nicht, was mit Franziska los ist, in letzter Zeit ist sie so wortkarg.» Freundin: «Aha.» Sie: «Sie sieht auch so blass und eingefallen aus.» Freundin: «Du hast

Recht. Ich habe sie gestern kurz gesehen und sie sah recht abgekämpft aus.» Sie: «Vielleicht ist sie krank.» Freundin: «Vielleicht hat ihr Mann wieder angefangen fremdzugehen ...» Sie: «Das wäre schlimm! Komm, wir fragen Kathrin, das ist doch ihre engste Freundin.» Und so weiter und so fort). Da Hausfrauen in ihrem Berufsalltag viel mit anderen Frauen zu tun haben, finden sie immer jemanden, mit dem sie ihre Anliegen, gerade solche emotionaler Art, besprechen können. Das ist gut für die Psyche und hält emotional fit.

Ich Jane, du Tarzan

Ich behaupte – selbst wenn ich jetzt keine Studie zitieren könnte, die meine These bekräftigen würde –, dass Hausfrauen ein besseres, weil klareres Verhältnis zu ihrem Partner haben, als dies bei einer ausser Haus berufstätigen Frau der Fall ist. Dies deshalb, weil die Rollen sauber verteilt sind und sich viele Grundsatzgespräche erübrigen, die erfahrungsgemäss sehr oft in Streit ausarten und meistens keine Änderung bringen. Gemäss einer Umfrage des Meinungsforschungsinstituts ‹Gewis› geht es bei 42 Prozent der Streitigkeiten in Paarbeziehungen um das Thema, wer wie viel Hausarbeit übernimmt. Zum Vergleich: Um die Treue geht es nur gerade bei sieben Prozent der unerfreulichen Diskussionen.

In der Regel haben die meisten Frauen das Gefühl, dass die Aufgaben, die rund um den Haushalt täglich anfallen, zu ihren Ungunsten aufgeteilt sind. Sprich: Sie übernehmen die Hauptlast der Hausarbeit, egal, ob sie darüber hinaus zu 10 oder 100 Prozent ausser Haus erwerbstätig sind. Das empfinden sie zu Recht als grosse Ungerechtigkeit, über die sie sich, ebenfalls zu Recht, lang und breit auslassen. Die Männer ertragen

... weil sie sich auch tagsüber die Haare waschen oder die Beine enthaaren kann.

diese regelmässig immer wieder auftretenden Tiraden mehr oder weniger gelassen, zeigen sich meistens einsichtig und geloben durchaus auch mal Besserung: «Ja, Schatz, von jetzt an will ich von selbst daran denken, montags den Müll rauszutragen / die Kaffeetasse gleich auszuspülen / die dreckigen Socken nicht neben den Wäschekorb, sondern hineinzuschmeissen / blablabla.» Das klappt dann eine oder zwei Wochen lang, bis alles wieder beim Alten ist. Womit wieder eine Grundsatzdiskussion ansteht.

Natürlich wäre es besser, wenn sich die Männer kooperativer zeigen würden. In einer idealen Welt wären unsere Partner zwar ganz Mann, aber dennoch genauso im Bild über den Haushalt wie wir, würden gleich gut die Bedürfnisse der Familie antizipieren können und wären ebenso fähig zum Multitasking. Wie Sie aber mit Sicherheit schon selbst gemerkt haben, leben wir nicht in einer idealen Welt. Und deshalb verhält es sich halt so, dass Männer, die ganz Mann sind, erst dann daran denken, Klopapier zu kaufen, wenn sie das letzte Blättchen selbst aufgebraucht haben – und manchmal nicht einmal dann. Nun können Sie sich dafür entscheiden, enorm viel Energie darauf zu verwenden, Ihren Partner so umzuerziehen, dass aus ihm ein nützliches Mitglied des Haushaltes wird. Wenn Sie diesen Weg gehen wollen, gratuliere ich Ihnen von ganzem Herzen zu Ihrem Mut, wünsche Ihnen viel Glück und vor allem viel, viel Ausdauer.

Wenn Sie aber nach jahrelangen Versuchen und Misserfolgen eingesehen haben, dass das zu Ihren Lebzeiten nie der Fall sein wird, dann müssen Sie als die kluge Frau, die Sie zweifelsohne sind, einen anderen Weg gehen: den Weg der Hausfrau! Sie weiss nämlich, dass ihre Aufgabe wichtig ist, und verlangt, dass diese von ihrem Partner als ernst zu nehmender Beruf respektiert wird. Dafür verschont sie ihn vom ewigen Dauerstreit um das Thema Haushalt, und – was noch viel wichtiger ist – sie verschont auch sich selbst und hat so wieder mehr Energie für anderes, zum Beispiel für Sex.

Für Hausfrauen ist klar: Ihr Partner hat seine Aufgaben, sie hat die ihren. Minderwertigkeitskomplexe braucht sie keine zu haben, denn sie hat Erfahrung genug, um zu wissen, dass ihr Partner alle ihre Aufgaben nie bewältigen könnte – auch wenn er sich im Berufsleben als Architekt, Malermeister oder Kaminfeger ganz gut durchschlägt! Jedenfalls erübrigt eine klare Aufgabenteilung viele nach dem gleichen Muster ablaufende Clinches und verbessert die Kommunikation und das Verhältnis zueinander enorm. Übrigens: Aus Solidarität zu Andersgesinnten erzieht die moderne Hausfrau aber selbstverständlich ihre Söhne dahingehend, dass sie, im Gegensatz zu ihrem Erzeuger, eines Tages nicht nur Stützen der Gesellschaft, sondern auch des Haushaltes werden.

Nur dann, wenn ich will

Im Gegensatz zu anderen Berufsleuten kann die Hausfrau die Kontakte zu ihren Mitmenschen häufig nach dem Lustprinzip gestalten: Sie tätigt ihre privaten Anrufe dann, wann es ihr passt, und hält diese so knapp oder ausführlich, wie sie möchte, schliesslich arbeitet sie von zu Hause aus. Wenn sie jedoch keine Lust auf Austausch hat, gönnt sie sich den Luxus, das Telefon kalt lächelnd klingeln zu lassen. Überhaupt ist es ein Privileg der Hausfrau, dass sie meist selbst darüber entscheiden kann, wie viele Kontakte sie haben möchte.

Ist sie zu faul, um ihre Haare zu waschen, oder einmal nicht so gut drauf, dann verzichtet sie auf den Gang zum Volg, wo

... weil sie morgens nicht schon das anziehen muss, worin sie abends noch herumläuft, sondern sich wie Paris Hilton dann umziehen kann, wann es ihr beliebt.

sich das ganze weibliche Dorf trifft, und zaubert die Mahlzeiten für die Familie aus der Tiefkühltruhe. Möchte sie in aller Ruhe die Zehennägel fertig lackieren, geht sie halt nicht an die Tür, wenn es klingelt. In welchem anderen Job kann man das denn? Bestimmt nicht als Coiffeuse, Arztgehilfin oder kaufmännische Angestellte. Und wer das Pech hat, in einem Grossraumbüro arbeiten zu müssen, wo man sich nicht einmal ungestört den Bügel am BH zurechtrücken kann, ohne von anderen beobachtet zu werden, wird wissen, dass diese Rückzugsmöglichkeiten einfach Gold wert sind. Musse, Ruhe und Stille sind in unserer hektischen und lauten Zeit ein grosser Luxus, den sich die Hausfrau im Gegensatz zu den meisten anderen erwachsenen Menschen bereits vor der Pensionierung leisten kann.

Hausfrauen sind organisierter

To: Martina
From: Gigi
Subject: Voll reingelaufen
Also, Martina, heute war mal wieder die Hölle los im Stollen. Der AD hat nämlich einmal mehr was verschlampt, diesmal aber waren es die unterschriebenen Gut-zum-Druck-Exemplare für die Inseratekampagne des Schoggi-Riegels im Gratisblatt ‹22 Minuten›, und die sind schlicht nicht mehr auffindbar gewesen. Bis 17 Uhr hätten sie aber in der Druckerei sein müssen, und wenn bis dann das Material nicht da ist, droht die berühmte weisse Seite. Jedenfalls hat der Scheff getobt, der Schoggi-Heini ist doch unser grösster Kunde, und dem AD wurde die Kündigung angedroht, wenn er nicht innert nullkommanix diese Fahnen hervorzaubert. Ja, und dann hat die Aufräumerei begonnen. Der hat gleich sackweise Material weggeschleppt, aber leider nix gefunden, blöd. Ich sag dir, der AD war sooo klein, und jetzt wird er wohl gehen müssen und anderswo den kreativen Chaoten heraushängen.
Gigi (ein wenig schadenfreudig)

To: Gigi
From: Martina
Subject: Tja, dumm gelaufen
Liebe Gigi
Ja, das hat er jetzt davon. Zuerst süffisant grinsen über alle, die einmal wöchentlich die leeren Kaffee- und die vollen Aschenbecher entsorgen und ab und zu auch mal ihre Papierberge abbauen, und dann selber in die Sch... greifen, weil

... weil sie mehr Zeit und Lust hat, neue Kochrezepte auszuprobieren.

man zu faul oder zu unfähig ist, mal für Ordnung zu sorgen. Aber eins sag ich dir: Freu dich nicht zu früh, es kommt wohl kaum was Besseres nach. Organisation und Ordnung sind eben total uncool, und bevor nicht die Kakerlaken über die Tastatur schleichen, häuft sich halt der Müll an. Sei froh, dass du mit dem kein Büro teilen musst, das würde dir glatt den Appetit verderben. – Martina

To: Martina
From: Gigi
Subject: Recht hast du
Ach, Martina, es ist einfach eine Schande, was da abläuft. Da bekommen sie Millionen-Budgets für die Inseratenkampagne, werfen mit wichtigtuerischen Worthülsen um sich, sind aber nicht mal in der Lage, auf ihren Papierkram aufzupassen. Überall das nackte Chaos, und schuld sind immer die anderen. Ständig wird alles bis zum letzten Moment aufgeschoben, statt dass man rechtzeitig den Finger raus nimmt. Weiss gar nicht, was die privat für ein extrem langweiliges Leben ausserhalb ihrer Schoggi-Riegel-Welt führen, dass sie immer darauf aus sind, im Büro Katastrophen zu provozieren. Aber vielleicht ist es einfach nur ganz normale Unfähigkeit. – Gigi (seufz)

To: Gigi
From: Martina
Subject: Ordnung muss sein
Weiss nicht, woran es liegt, aber ich finde, das Leben ist kompliziert genug, da will ich wenigstens in meinem Haushalt Ordnung haben. Und überhaupt ist mir meine Zeit viel zu schade, um sie damit zu vertrödeln, irgendwelche verschlampten Dinge zu suchen, jawoll. – Herzlich, Martina

Es gibt viel zu tun ...

Es gibt wohl kein anderes Unternehmen, das derartig hohe Ansprüche an das Organisationstalent der Chefmanagerin, also der Hausfrau, stellt wie ein Haushalt. Wo sonst, wenn nicht in den eigenen vier Wänden, findet denn das pralle Leben statt? Da wird gegessen und getrunken, geschlafen und gedöst, gelesen und gesammelt, geduscht und gebadet, gekleidet und gestylt, gebastelt und gewerkelt – halt eben gelebt. Damit die ‹Wohn- und Wirtschaftsgemeinschaft mehrerer Personen›, so eine der vielen Definitionen von Haushalt, mehr oder weniger reibungslos und ordentlich funktioniert, ist einiges an Aufwand von Seiten der Hausfrau nötig.

Allein der Einkauf und die Zubereitung von Mahlzeiten ist schon eine zeitintensive Sache. Dies erst recht, wenn die Kost gesund und ausgewogen sein soll. Nix da mit Fertigpizza, die wird selber geknetet, belegt und gebacken! Und wer je am heimischen Herd den Pizzaiolo gemimt hat, weiss, was das heisst. Aber das Essen soll ja nicht nur fein, sondern auch gesund sein. Wenn man sich also auch noch die gebetsmühlenartigen Empfehlungen der Ernährungsspezis zu Herzen nimmt und fünfmal täglich Frischkost auftischen will, ist man schon allein mit dem ständigen Herankarren von all dem Grünzeug ziemlich beschäftigt. Jede einigermassen aufgeklärte Hausfrau weiss nämlich, dass sich die vielen gesunden Vitamine aus dem Staub bzw. dem Apfel und dem Blumenkohl machen, kaum dass man Letztere im Gemüsefach des Kühlschranks verstaut hat.

Nebst dem leiblichen Wohl soll aber auch die Wohnungs- und Textilpflege nicht zu kurz kommen. Waschen, putzen, bügeln – das gehört einfach dazu, braucht eine Menge Zeit und wiederholt sich ständig. Solange nicht ein findiger Daniel

... weil sie die beste und schnellste Fensterputzmethode kennt.

Düsentrieb den sich selber saugenden Parkettboden oder die sich selbst faltende Wäsche erfindet, bleibt es der Hausfrau überlassen, für einen sauberen Boden und ordentlich zusammengelegte T-Shirts zu sorgen. Nebst den regelmässig und in kurzen Abständen wiederkehrenden Reinigungsaufgaben sind aber auch noch all die Arbeiten zu erledigen, die unter der Rubrik ‹Grossputz› laufen: Fenster putzen, Wände und Decken absaugen, Kellerboden feucht aufnehmen und alle die anderen Putzarbeiten, die zwar mühsam und anstrengend sind, aber wenigstens nur alle paar Monate anfallen.

Die Reparatur von Haushaltsgegenständen sowie Wartungsarbeiten in der Wohnung sind weitere wichtige Aufgaben, die im Verantwortungsbereich der Hausfrau liegen. Wer will denn schon den Valser-Mann auf dem Gewissen haben, der sich mit den Harassen auf der Kellertreppe zu Tode stürzt, nur weil man es versäumt hat, die defekte Glühbirne der Kellerbeleuchtung zu ersetzen? Eben. Und wer je den Ausstieg der Geschirrabwaschmaschine kurz vor dem Familien-Weihnachtsessen erlebt hat, wird rechtzeitig dafür sorgen, dass allfällige Mängel durch den Profi behoben werden.

... die Hausfrau packts an

Eine immer aufwändigere Arbeit im Pflichtenheft der modernen Hausfrau ist die umweltgerechte Entsorgung all der vielen Abfälle, die so anfallen. Sammeln, trennen und ökologisch sauber wieder loswerden: Das tönt so leicht, ist aber ein echter Knochenjob. Da hatten es unsere Mütter noch sehr viel einfacher. Manche unter Ihnen erinnern sich vielleicht, wie man damals, in den umweltpolitisch unbelasteten 60ern, kurzerhand alle Abfälle in den mit einer alten Zeitung ausgelegten Ochsner-Kübel schmiss, diesen einmal wöchentlich an die Strasse stellte – und fertig. Tempi passati.

In naher Zukunft werden sich die Architekten überlegen müssen, wo sie in ihren Projekten nebst dem obligaten Unterstand für Fahrräder und Kinderwagen auch noch einen Recycling-Room unterbringen können. Wer nämlich mehr als das vierteljährlich erscheinende Infoblatt des örtlichen Gewerbevereins liest, häuft innert kürzester Zeit stapelweise Altpapier in Form von Zeitungen und anderem Papierkram an, die nur sauber gebündelt alle paar Monate meist durch den Frauenverein oder die Pfadi entsorgt werden – wenn man sie denn rechtzeitig bereitstellt. Mit dem Karton läuft es ähnlich, nur dass dieser zusätzlichen Körpereinsatz benötigt, um in die von der Gemeinde vorgeschriebene flache Form gebracht zu werden. Kompost fällt in einem gesundheitsbewussten Haushalt jede Menge an, für dessen Wiederverwertung man einen Garten mittlerer Grösse braucht, wenn man tatsächlich diese Unmengen von Früchten und Gemüse verzehrt, die einem die Ernährungsexperten empfehlen. Und da ist noch der ganz normale Haushaltabfall, der sich gerne türmt, wenn man ausnahmsweise den entsprechenden Entsorgungstag verpasst hat. Vom Christbaum, Sondermüll in Form von Chemikalien, Altkleidern für die Texaid oder Metallabfällen wollen wir gar nicht erst reden. Jedenfalls ist das Loswerden von Materialien aller Art inzwischen mindestens ebenso aufwändig wie das Herankarren derselben – und setzt einiges an Know-how in Sachen Materialkunde voraus. Eisen oder Alu? Halbkarton oder Papier? PET oder nicht PET? Viel Wissen, das noch vor wenigen Jahrzehnten Fachleuten vorbehalten war, wird jetzt von jeder Hausfrau verlangt, will sie nicht als Abfallsünderin entlarvt werden.

... weil sie nicht mit einem Firmenlogo auf dem Hemd herumlaufen muss – ausser es sei von Ralph Lauren oder Tommy Hilfiger.

Ganz klar, dass es auch die Hausfrauen sind, die darauf achten, dass sich gar nicht erst allzu viel Abfall ansammelt. Kartons werden bereits im Geschäft entsorgt, Batterien steckt man ins Aufladegerät, bis sie auslaufen. Was immer an Nachfüllprodukten erhältlich ist – wir kaufens und machen uns die Mühe, Flüssigwaschmittel aus schwabbeligen Nachfüllpackungen umzuleeren (um dann festzustellen, dass wir eine andere Marke gekauft haben, so dass der Inhalt nicht vollständig in die stabile Originalverpackung hineinpasst). Wenn immer möglich verwenden wir Mehrwegflaschen und nehmen es auf uns, diese auch hin- und herzuschleppen. Und nur manchmal beschleicht einen das Gefühl, die ganze Mühe sei weniger für die Umwelt als für die Füchse, beispielsweise wenn mal wieder Gift in den Rhein fliesst, die Aktivmitglieder des Schützenvereins die Umgebung mit Blei vergiften, der Nachbar völlig ungeniert seine Abfälle im Gartengrill verheizt oder irgendwo monatelang Erdöl abgefackelt wird. Trotzdem: Einfach eine Hand voll Batterien in den Haushaltabfall zu werfen, dafür sind wir viel zu pflichtbewusst.

Unterschätzte Fähigkeiten

Die Führung eines Haushaltes ist also eine sehr komplexe Aufgabe, die nicht nur Können, Wissen und Geschicklichkeit, sondern auch viel Organisationstalent erfordert. Ordnen, Prioritäten setzen, Entscheidungen treffen und dabei die für den Haushalt relevanten Termine nicht vergessen – das muss eine Hausfrau können, will sie ihren Job gut machen. Die Fähigkeit, einen Haushalt zu schmeissen, wird leider heutzutage viel zu sehr unterschätzt, und längst nicht jeder ist dazu überhaupt in der Lage. Haushalte tendieren nämlich zum

Chaos, wenn nicht ständig aufgeräumt, umgeräumt, entsorgt oder versorgt wird.

Wer je ein paar Monate in einer WG gelebt hat, weiss, wovon ich spreche. Ich erinnere mich jedenfalls gut an die drei jungen Männer – alle erstmals weg von Mamis Rundum-Betreuung –, mit denen ich mir ein Haus geteilt habe: Der Geschirrschrank war innert einer Woche leer, das Geschirr stapelte sich in den Zimmern / vor dem TV / im Spülbecken / auf dem Treppenabsatz / irgendwo. Gähnende Leere herrschte auch im Kühlschrank, dafür quoll der Mülleimer über. Und die Zeitungen und Zeitschriften stapelten sich schnell einmal meterhoch – wenn denn jemand bereit gewesen wäre, diese einzusammeln, zu stapeln oder gar für die Altpapiersammlung zu bündeln und rauszustellen.

Einzig die Wäsche machte keine Probleme, denn die drei Jungs packten jeweils am Freitag das Köfferchen mit den dreckigen Socken und weiterer Schmutzwäsche, und ab gings damit zu Muttern, die bis am Sonntagabend alles fein wusch, bügelte und dem ‹Kind› wieder ins Köfferchen packte. Lange hat unser chaotisches Zusammenleben jedenfalls nicht gedauert, aber in Sachen Haushalt habe zumindest ich etwas ganz Wesentliches gelernt: Wehret den Anfängen! Das Geheimnis aller cleveren Hausfrauen: Sie lassen es gar nicht erst so weit kommen, dass die Hausarbeit tsunamiartige Ausmasse annimmt; sie packens vorher an und verlieren so nie den Überblick (und die Nerven).

... weil sie sich das morgendliche TV-Programm reinziehen kann und so den Abend frei hat zum Lesen oder für Sex.

Die im Chaos versinken

Heutzutage gibt es immer mehr Menschen, die nicht in der Lage sind, einen Haushalt einigermassen ordentlich zu führen. ‹Messies› werden sie fast liebevoll genannt (nach ‹mess›, engl. für Durcheinander, Unordnung), und sie alle sind unfähig, dem Chaos und der Vermüllung beherzt entgegenzutreten. Experten schätzen, dass das so genannte Messie-Syndrom etwa 10 Prozent der Bevölkerung betrifft. Typisch für Messies ist Unordentlichkeit, die bis zu Geruchsbelästigung und hygienischen Problemen führt. Viele von ihnen sammeln zwanghaft wertlose oder verbrauchte Dinge und stehen völlig hilflos dem wachsenden Chaos gegenüber. Prioritäten können Messies nicht setzen, und so häufen sie beispielsweise sämtliche Post aus den letzten paar Monaten oder Jahren in irgendeiner Zimmerecke an, ohne jeweils zuvor die fälligen Rechnungen herauszufiltern. Mit der Zeit kann das dazu führen, dass grosse Teile der Wohnung nicht mehr betreten werden können und nur noch schmale Fusswege frei bleiben zwischen den Bergen von Sammelgut, Ramsch und Müll. Wenn es erst so weit ist, dann ist der Aufwand riesig, um alles wieder in den Griff zu bekommen.

Inzwischen ist dieses Phänomen als Marktlücke entdeckt worden, und so kann man sich einen ‹Messie-Berater› ins chaotische Heim kommen lassen, der nicht nur systematisch aufräumt, sondern einem auch beibringt, wie man in Zukunft selber mit dem Chaos fertig wird. Wen wunderts, dass diese neue Berufszunft zu einem rechten Teil aus erfahrenen Hausfrauen besteht?

Interessanterweise beschränkt sich das Messie-Phänomen auf das Privatleben und wird in Unternehmen kaum je beobachtet. Klar gibt es Betriebe, in welchen ein ziemliches Chaos herrscht, aber im Vergleich zu einem richtigen Messie-Haushalt kommt es wohl eher selten vor, dass die Gesundheitsbehörde ausrückt und den Laden schliesst – es sei denn, es handle sich um ein schmuddliges Gastro-Unternehmen. Ich vermute, das liegt daran, dass in Betrieben aller Art die verschiedenen Aufgaben minuziös unter die Angestellten verteilt werden. Wozu gibt es denn ein so genanntes Pflichtenheft? Hier steht für jeden genauestens drin, was er zu tun hat, und wenn er sich nicht daran hält, dann hat er ein Problem (sofern sein Vorgesetzter überhaupt merkt, dass sein Untergebener beispielsweise die Lieferscheine für die Handtuchrollen, statt fein säuberlich abzulegen, einfach im Rundordner, sprich im Papierkorb, entsorgt).

Für die Hausfrau existiert dieses Pflichtenheft ebenso wenig wie sie einen Vorgesetzten hat oder einen Untergebenen, dem sie mal was delegieren (und die Schuld für die eigene Unfähigkeit in die Schuhe schieben) könnte. Sie weiss, es bleibt ALLES, was irgendwie anfällt, an ihr hängen. Weder wandern die schmutzigen Hemden selbständig in die Maschine, schon gar nicht mit einer Hand voll Waschpulver in der Brusttasche, noch hängen sie sich selbständig an die Leine, um sich die Sonne auf die Nähte scheinen zu lassen. Und auch der fehlende Knopf näht sich nicht von alleine an, da kann man ihm noch so gut zureden.

Die organisierte Hausfrau wartet folglich gar nicht erst lange ab, sondern versucht, möglichst speditiv reinen Tisch zu machen. Und dabei kann sie auf eine ganz besondere Fähigkeit zählen: das Multitasking. Während sich normale Arbeitnehmer oft nur gerade auf EINE Tätigkeit konzentrieren können, sind Hausfrauen leicht in der Lage, mehrere Dinge gleichzeitig zu tun: staubsaugen und dabei noch herumliegen-

... weil sie ihr Lieblingsparfüm ‹Opium› auftragen kann, ohne ständig wegen Geruchsbelästigung angepöbelt zu werden.

de Socken einsammeln, kochen und mit der Schwiegermutter telefonieren, Zähne putzen und zugleich die Ablage vor dem Spiegel aufräumen, die Waschmaschine einfüllen und dabei die Einkaufsliste im Kopf zusammenstellen – sie verstehen es, ihre Zeit zu optimieren und möglichst viel möglichst rasch zu erledigen. Welche Hausfrau würde denn in die Waschküche hinuntergehen, ohne nicht gleich den Abfallsack mitzunehmen und auf dem Rückweg den Briefkasten zu leeren? Oder haben Sie je eine Hausfrau gesehen, die tatenlos vor dem Topf steht und zusieht, wie das Spaghettiwasser langsam warm wird und schliesslich zu kochen beginnt? Neinnein, in dieser Zeit bereitet sie einen köstlichen Pesto zu oder deckt rasch den Tisch oder räumt die Abwaschmaschine aus oder was auch immer sonst noch gerade ansteht. Und dank langjähriger Erfahrung weiss sie, ohne auf die Uhr zu schauen, wann die Buntwäsche fertig ist, wie lange die Brownies im Ofen backen müssen oder ob es vor dem Essen noch reicht, schnell ein bisschen Schnee vor der Garage wegzuschippen.

Der Schmetterlingseffekt

An guten Tagen läuft im Haushalt alles reibungslos. Leider sind diese selten, denn das Unternehmen Haushalt ist wie bereits erwähnt recht störungsanfällig. Es braucht relativ wenig, und schon läuft scheinbar alles aus dem Ruder. Man spricht vom so genannten Schmetterlingseffekt und meint damit, dass in manchen Systemen kleine Ursachen grosse, meist unvorhersehbare Wirkungen haben können. Der Erfinder dieses Begriffs, Edward N. Lorenz, veranschaulicht den Begriff am Beispiel des Wetters: Der Flügelschlag eines Schmetterlings im Amazonas-Urwald kann einen Orkan in

Europa auslösen. Manche halten dies für buddhistischen Schwachsinn, weil doch Orkane bekanntlich aus der Verwirbelung unterschiedlicher Luftmassen entstehen. Aber meiner Erfahrung nach könnte ein Haushalt durchaus ein solches System sein, in welchem der Schmetterlingseffekt zuschlägt.

Dazu ein konkretes Beispiel: Frau wirft die Spülmaschine an und düst dann in die Migros. Doch während sie den Einkaufswagen durch den Laden schiebt, ganz auf ihre ellenlange Liste konzentriert, ahnt sie nicht, dass sich der Schlauch unter der Spüle gelockert hat. Durch den Wasserdruck fällt dieser schliesslich ganz ab, und statt in die Maschine fliesst das Wasser munter in die Küchenkombination und danach über den Küchenboden. Bei ihrer Rückkehr macht sich das Wasser gerade daran, das Esszimmer zu erobern. Die Hausfrau bleibt jedoch gelassen, wirft die Schuhe weg und krempelt die Jeans hoch, um das Wasser zu stoppen. Dafür hat es einen separaten Wasserhahn unter der Spüle, wie sie selbstverständlich weiss. Nun muss das Wasser weg. Hat sie keinen Nasssauger, leiht sie den von der Nachbarin aus, greift zu Eimer und Lappen oder ruft die Feuerwehr. Ist endlich alles wieder trocken, wird der Schlauch wieder angeschlossen, und zwar fest, und los geht es abermals mit der Abwaschmaschine – diesmal aber unter Aufsicht. Fürs Mittagessenkochen bleibt keine Zeit, aber im Tiefkühler hat die patente Hausfrau in weiser Voraussicht allerhand feine Resten eingefroren, die schnell aufgewärmt werden können. Und dass für einmal das Staubsaugen zu kurz kommt, schadet ja nix, dafür ist der Küchenboden garantiert sauber.

Zugegeben: Solche Supergaus sind selten, auch wenn sie in ach so witzigen Hausfrauen-und-Mütter-Kolumnen irgendwelcher Zeitungen und Zeitschriften noch so gerne breitge-

... weil sie die natürlichen Verdauungsgeräusche des Körpers nicht mühsam unterdrücken muss.

schlagen werden. Die Regel sind viel eher kleinere Notfälle wie Kugelschreiber auf dem Sofabezug, eine tiefe Schnittwunde beim Zwiebelnschneiden, Wachsflecken auf dem Eichentisch oder ein zu trockener Rindsbraten. Für solche Fälle kennt die gewiefte Hausfrau jede Menge Tipps und Tricks oder fragt die Freundin oder im schlimmsten Fall sogar die Mutter um Rat. Schadensbehebung aller Art ist für sie jedenfalls kein Problem, und dass sie völlig aufgeschmissen ist, wenn es darum geht, ein paar Gras- und Erdflecken aus Fabios T-Shirt zu kriegen, glauben auch nur die Werber, die uns mit ihren dümmlichen Werbespots nerven. Im richtigen Leben greift Muttern selbstverständlich zu einem Pre-Wash-Produkt oder einfach zu Gallseife, lässt diese ein paar Minuten einwirken und dann ab mit dem schmutzigen Teil in die Maschine. Und im NOCH richtigeren Leben ist sie bestimmt nicht so blöd, dass sie ihren Jüngsten in schneeweisse Kleider steckt, sondern weiss, dass das nicht das passende Outfit für eine Schlammschlacht im Garten ist.

Nur keine Panik!

Gerade dann, wenn es hart auf hart kommt, sind Hausfrauen unschlagbar. Wenn es eine Situation gibt, in der sich Intelligenz, Entscheidungskraft und Tatendrang der Hausfrau in geballter Ladung zeigen, dann in der allerschlimmsten: im Notfall-Handling nämlich. Selbst wenn sie bei jeder zweiten Folge von ‹Julia – Wege zum Glück› Rotz und Wasser heult –, im Ernstfall bleibt sie klar im Kopf, auch wenn ihr Herz dabei Sprünge macht. Egal, ob ein Kinderzahn abgebrochen ist oder die Rumpsteaks versehentlich nicht bei 80 Grad niedergaren, sondern bei 200 Grad verkohlen und die Gäste schon in der

Tür stehen, sie weiss immer eine Lösung – es sei denn, ihr Mann stellt sich ihr in den Weg mit total ‹konstruktiven› Vorschlägen. Weise Ehemänner und ebensolche Kinder wissen jedoch, in solch dramatischen Momenten gibt es nur eins: Klappe halten und den Anweisungen der Oberbefehlshaberin ohne Wenn und Aber folgen – dann wird alles ruckzuck wieder gut. Denn während andere physisch und psychisch kollabieren, bleibt die Hausfrau mental stark. Darauf ist Verlass.

Machen Sie die Probe aufs Exempel und stellen Sie sich vor, Sie seien die Treppe hinuntergestürzt und hätten sich beide Beine gebrochen. Ihre Türe ist von innen abgeschlossen, eine Pfanne steht auf dem heissen Herd und Ihr Baby weint in der oberen Etage. Von wem würden Sie sich in dieser Situation lieber helfen lassen: von einem Bundesrat, dem CEO einer Grossbank, einem nobelpreistragenden Quantenphysiker oder von einer Hausfrau? Na also!

Vorsorge nicht vergessen

In einem einzigen Punkt sind aber viele Hausfrauen Versagerinnen: Sie lassen sich nur ungern helfen beziehungsweise delegieren viel zu selten irgendwelche Aufgaben an Ehemann oder Kinder. Sicher, sie sind es, die zuständig sind für den Haushalt, aber das heisst noch lange nicht, dass sich der Rest der Familie auf die faule Haut legen und bedienen lassen darf, oder? Wobei: Es gibt Hausfrauen, die sind derart speditiv und gut durchorganisiert, dass kaum etwas zum Delegieren übrig bleibt. Und wenn doch, dann treibt es sie schier in den Wahnsinn, wenn sie mit ansehen müssen, wie amateurhaft bestimmte Aufgaben angegangen werden. Das sprichwörtli-

... weil sie zwei Tage lang hintereinander die gleiche Bluse tragen darf.

che Chaos in der Küche, wenn mal der Mann alle Schaltjahre den Kochlöffel schwingt, ist nur ein Beispiel. Da gibt es aber auch noch die Seidenbluse, der im Kochwaschgang der Garaus gemacht wird, oder das Sakko, das mitsamt dem Zigarrenmief des gestrigen Männerabends im Schrank versorgt wird – zu den Anzügen, die sie gerade frisch aus der Reinigung geholt hat. Als eine Art Vorsorge ist es für jede Hausfrau unerlässlich, rechtzeitig darauf zu achten, dass die Familie zumindest weiss, wo die Beutelsuppen und die Ersatzklorollen zu finden sind. Kann doch sein, dass sie ausfällt, weil sie a) sich um ihre kranke Mutter kümmern muss, die 200 Kilometer weit entfernt wohnt, oder b) mit dem vollen Wäschekorb über die Schuhe, die irgendjemand rücksichtslos auf der Treppe hat liegen lassen, stolpert und jetzt mit zwei gebrochenen Beinen im Spital liegt oder c) mal für drei Tage mit einer Freundin nach Paris zum Shoppen geht. Und in der Zeit, in welcher die Haushaltmanagerin nicht zum Rechten schaut, soll die mühsam aufrechterhaltene Ordnung und Reinlichkeit im Haushalt nicht dem Chaos weichen, oder?

Hausfrauen sind mütterlicher

To: Martina
From: Gigi
Subject: Ich bin tot!
Liebe Martina
Wenn ich was zu sagen hätte auf dieser Welt, dann würde ich anordnen, dass kein Mensch vor 8 Uhr morgens aus den Federn muss. Das frühe Aufstehen verdirbt einem den ganzen Tag. Erst sieht man total sch... aus, vertrödelt jede Menge Zeit vor dem Spiegel, bevor man sich überhaupt unter die Leute traut, und dann steht man auch noch stundenlang im Stau rum, bis man dann endlich, schon wieder total erschöpft, im Stollen ankommt. Wenn ich mal pensioniert bin, das versprech ich dir, dann schlafe ich jeden Morgen aus.
Gigi (komplett erledigt)

To: Gigi
From: Martina
Subject: Morgenstund ist ungesund
Liebe Gigi
Recht hast du, das Diktat der Frühaufsteher geht mir auch gewaltig auf die Nerven. Die reden sich alle ein, nur wer früh aufsteht, tut was, alle anderen seien Schlaffis. Dabei weiss man doch längst, dass es halt nicht jedem gegeben ist, bei Nacht und Nebel aus den Federn zu hüpfen und voller Tatendrang das Tageswerk zu beginnen. Erst recht nicht, wenn man sich die Nacht mit Bettwäsche-Wechseln (Magen-Darm-Grippe), Händchenhalten (Albträume) oder Zahngel-Auftragen (Zahnen) um die Ohren geschlagen hat.

... weil sie bei einem Akne-Schub ein paar Tage lang unentschuldigt zu Hause bleiben kann.

Ich kann dir sagen, solche Nächte sind die Härte, aber was noch viel schlimmer ist: am nächsten Morgen früh aufstehen zu müssen, um rechtzeitig im Büro zu sein und dort acht Stunden lang die innovative Arbeitnehmerin herauszuhängen, obwohl man kaum die Augen offen halten kann. Das zumindest bleibt mir seit meinem Ausstieg aus dem Erwerbsleben erspart, und ich weiss es schon sehr zu schätzen, dass ich nach einer Nacht mit 17-mal Aufstehen mich untertags irgendwann einmal ein Stündchen hinlegen kann.
Grüsse an die Zwangsfrühaufsteher-Front
Martina

To: Martina
From: Gigi
Subject: Du Beneidenswerte
Ja, meine Beste, da hast du es wirklich gut, und mal eine Stunde Auszeit zwischendurch hast du dir mit den vielen nächtlichen Betreuungsaufgaben auch redlich verdient. Aber du musst dich ja gar nicht rechtfertigen, du hast keinen Chef, der böse Blicke wirft, wenn du dich mal für zwei Minuten entspannt in den Bürostuhl hängst, und ohnehin bist du bestimmt wieder putzmunter, bis die Kinder auf der Matte stehen und nach Zuneigung, Verständnis und Kinderschnitten lechzen, oder? – Gigi

To: Gigi
From: Martina
Subject: Aber sicher doch!
Klaro, ist ja unter anderem auch mein Job, mich um die Kinder zu kümmern. Und deshalb quäle ich mich auch allmorgens mitten in der Nacht aus dem Bett, denn seit die Kinder in die Schule gehen, ist fertig lustig mit Ausschlafen,

die müssen zwischen halb acht und acht in der Schule stehen, ganz egal, ob sie um diese Zeit überhaupt in der Lage sind, den eigenen Namen fehlerfrei auszusprechen oder nicht. Gerade in der Schule scheint mir das Frühaufstehertum besonders verbreitet zu sein, obwohl es ja inzwischen jede Menge Studien gibt, die belegen, dass die Leistungen besser sind, wenn die Kinder den Schulstoff in wachem Zustand, sprich ein, zwei Stunden später, vermittelt bekommen. Aber daran ändert sich wohl in diesem Leben nichts mehr, was mich erst recht ermuntert, mich nochmals kurz ins Bett zu verziehen, wenn die ganze Truppe abgezogen ist, jawoll.
Martina (pritschepüüüüüü)

Wie viel Mutter braucht der Mensch?

Nein, früher war nicht alles besser, auch nicht, was die Mutterschaft anbelangt. Zwar war diese lange Zeit für alle verheirateten Frauen selbstverständlich – und auch für unverheiratete immer mal wieder ein Thema, wenn auch meistens ein sehr ungefreutes –, aber das heisst noch lange nicht, dass sich deshalb sämtliche Mütter hingebungsvoll um den meist zahlreichen Nachwuchs kümmerten. Im Gegenteil: Frauen des wohlhabenden Grossbürgertums und des Adels vertrauten ihre Kinder erst der Amme, dann der Kinderfrau an. Gemeinsame Mahlzeiten mit den Kindern waren längst keine Selbstverständlichkeit, und dass die Mütter mit den Kindern spielten und herumtollten, war erst recht die Ausnahme. Auch hatten sie gar keine Zeit für so was, denn als Hausfrauen der gehobenen Gesellschaft oblagen ihnen allerlei Verpflichtungen wie zum Beispiel das Handling des Personals, die Organisation von Festen und anderes mehr.

Frauen aus weniger begüterten Schichten hatten weder Amme noch Kinderfrau, und oft halfen sie noch im Geschäft oder auf dem Hof des Ehemannes mit. Im Haushalt gab es kein Personal. Bei der grossen Wäsche, dem Kochen, Backen, Nähen, Holzspalten oder Flicken mussten die Kinder helfen. Ebenso was die Beaufsichtigung der jüngeren Geschwister betraf. Und manchmal gab man das eine oder andere der Kinder zu einer unverheirateten Verwandten, so als eine Art Mix aus Ersatzkind und Hausangestelltem. Auch diese Frauen verbrachten kaum viel Zeit damit, um mit den Kindern zu spielen. Was den reichen und weniger reichen Frauen jedoch gemeinsam war: Sie hatten kein schlechtes Gewissen oder das Gefühl, ihre Kinder zu vernachlässigen.

Inzwischen hat sich aber die Vorstellung davon, was eine gute Mutter ist, ziemlich gewandelt. Diese Veränderung dürfte zu einem grossen Teil auf die Pille zurückzuführen sein, denn erst sie hat es den Frauen ermöglicht, freiwillig Mutter zu werden und den Zeitpunkt und die Zahl der Kinder selbst zu bestimmen – oder auch eine andere Lebensform zu wählen, beispielsweise die der kinderlosen Single-Frau.

Die gute Mutter

Um herauszufinden, was die direkt Betroffenen, also Kinder und Jugendliche, sich unter einer guten Mutter vorstellen, habe ich mich ein bisschen umgehört. Hier ein paar Ergebnisse: «Sie hat ganz viel Zeit und Geduld.» «Sie streitet nicht rum, nur weil das Zimmer nicht aufgeräumt ist.» «Sie macht kein Theater bei schlechten Noten.» «Sie interessiert sich für mich und hört mir zu.» «Sie hält zu mir, auch wenn ich was angestellt habe.» «Sie schlägt ihr Kind nicht.» «Sie ist immer da, wenn ich von der Schule komme.» «Sie ist zwar meine Mutter, aber ich kann auch Spass haben mit ihr oder mit ihr zusammen shoppen gehen.» «Eine gute Mutter ist nicht nachtragend und wirft einem nicht ständig vor, was man alles falsch gemacht hat.» «Sie lässt einem viel Freiheit und vertraut einem.» «Sie kocht immer etwas Gutes.» «Sie streitet nicht mit dem Vater vor den Kindern.» «Sie ist schön und lieb.»

Und das meinen die Mütter selber: «Eine gute Mutter nimmt sich Zeit für die Kinder, aber auch für sich.» «Sie fördert das Kind, ohne es zu überfordern.» «Sie liebt ihre Kinder und lässt sie das spüren.» «Sie unterstützt das Kind und steht immer zu ihm, auch wenn es mal Schwierigkeiten macht.» «Sie lässt dem Kind viel Freiheit, zeigt aber auch, wo die Grenzen sind.» «Sie gibt dem Kind Geborgenheit und Sicherheit.» «Sie interessiert sich für die Nöte und Sorgen ihres Kindes.» «Sie ist voller Lebensfreude und gibt diese an ihr Kind weiter.» «Sie nimmt Rücksicht auf die individuellen Eigenarten des Kindes und versucht nicht, dieses nach ihrem Gusto zu formen.» «Sie erzieht die Kinder zu verantwortungsbewussten Erwachsenen.»

Fazit: Supermami kann alles, weiss alles und macht alles immer richtig – ein Ding der Unmöglichkeit. All diese unterschiedlichen Ansprüche sind für eine Mutter wie Sie und mich gar nicht zu erfüllen. Aber wir tun unser Bestes, um wenigstens ansatzweise zu genügen. Bleibt uns auch gar nichts anderes übrig, denn selbst im Zeitalter der Gleichberechtigung erwartet man von der Mutter, dass sie die Verantwortung für die Kindererziehung praktisch alleine übernimmt und sich entweder selber um die muntere Schar kümmert oder zumindest dafür sorgt, dass ein aufgestelltes Au-pair, eine liebe Tagesmutter oder eine ausgebildete Hortnerin in einer Krippe für das Wohl der Kinder sorgt.

Die Kindsväter gehen in der Regel selbstverständlich davon aus, dass sich die Mütter mit der Kinderbetreuung befassen. Laut einer europäischen Studie aus dem Jahr 2000 kümmern sich Schweizer Väter durchschnittlich 37 (in Worten: siebenunddreissig) Minuten pro Tag um den Nachwuchs. Da hat es der Fernseher besser: Ihm widmen sich die Väter immerhin 148 Minuten täglich. (Was für mich ein weiterer Beweis dafür ist, dass die Männer gar nicht sonderlich interessiert sind an der Kinderbetreuung und deshalb auch die Sache mit den fehlenden Teilzeitjobs für Männer als willkommene, aber faule Ausrede benutzt wird.) Und wenn doch einer ein bisschen mehr Engagement zeigt und sogar für ein, zwei Tage pro Woche das Kind übernimmt, gilt er heutzutage immer noch als Exot.

Kurz: Die Hauptverantwortung liegt auf den verspannten Schultern der Mütter, ganz egal, ob ausser Haus berufstätig oder Hausfrau. (Und sie ist es denn auch, die die Schuld trägt, wenn das Kind im Laden klaut, schlechte Noten heimbringt, zu dick ist oder sonst wie nicht dem Bild des perfekten Kindes entspricht – aber davon später.)

Theorie und Praxis

Wer vor der Entscheidung steht, die nächsten paar Jahre als Vollzeitmutter oder berufstätige Mutter zu verbringen, steht im Clinch: Welches ist die bessere Lebensform?

Falls man sich für Kind und Haushalt entscheidet, steht man unter dem Druck, sich rechtfertigen zu müssen. Im Gegensatz zu früher, als praktisch alle Mittelschicht-Frauen zu Hause blieben, müssen Hausfrauen heutzutage den Beweis erbringen, dass sie nicht aus Bequemlichkeit daheim bleiben, sondern weil sie überzeugt sind, dass Zeit und Zuwendung die elementaren Bedürfnisse jedes Menschen sind und sie diesen durch ihre Anwesenheit am besten gerecht werden.

Damit schaffen sie aber ein Problem für die berufstätigen Frauen, die ihrerseits beweisen müssen, dass ihr Kind nicht unter der mütterlichen Berufstätigkeit leidet. Forciert durch diesen Konkurrenzkampf gibt es inzwischen jede Menge Studien, die belegen, dass Kinder berufstätiger Mütter nicht leiden und sich genauso gut entwickeln wie die Kinder von Vollzeitmüttern. Emsige Entwicklungspsychologen gehen sogar noch einen Schritt weiter und behaupten, dass die intensive Konzentration von Frauen auf die Mutterrolle nicht nur für die Frauen selbst, sondern auch für die Kinder problematisch sei. Die Meinung der Experten interessiert allerdings die wahren Expertinnen, die Mütter, herzlich wenig: Für viele Frauen ist es selbstverständlich, dass sie sich zumindest in der ersten Zeit voll und ganz dem Kind widmen. Mit der Geburt des ersten Kindes erfolgt bei den Paaren die Aufgaben- und Rollenverteilung zwischen Mann und Frau meist nach traditionellem Muster: Sie kümmert sich um Kind und Haushalt, er ums täglich Brot.

Gemäss dem ‹Frauen- und Gleichstellungsatlas Schweiz› lebten im Jahr 2000 37 Prozent aller Familien mit Kindern nach diesem Modell. Mit anderen Worten: Mehr als jede dritte Frau mit Kindern übt keinen Beruf ausser Haus aus. Erstaunliche Zahlen, denn will man Politikern oder besser Politikerinnen und anderen interessierten Kreisen Glauben schenken, so ist die Vollzeitmutter praktisch am Aussterben und wird erst wieder aus der Mottenkiste geholt, wenn es auf dem Arbeitsmarkt eng wird.

... weil sie keine Arbeitsprotokolle führen muss.

Promis als Vorbild? Nein danke

Die Frau von heute ist eine Powerfrau, die auf nichts verzichtet – so zumindest wird sie uns in Filmen, Büchern und den Medien vorgeführt. Und die Promis zeigen, wie es geht: Ob Hollywood-Star oder Model, wer etwas auf sich hält, trägt stolz einen dicken Bauch vor sich her oder schiebt einen Kinderwagen durch die Einkaufsmeile. Was man auf den Bildern nur selten sieht, das sind die Kindermädchen (und das übrige Personal), die sich um den Nachwuchs kümmern, wenn Promi-Mami grad einen Werbespot dreht oder sich die Nacht an einem wichtigen Event um die Ohren schlägt oder am WEF ein paar Worte der Betroffenheit in die Runde wirft – und dabei natürlich blendend aussieht: Keine übrig gebliebenen Schwangerschaftskilos, keine tiefen Augenringe und schon gar keinen Babysabber auf dem kleinen Schwarzen von Alexander McQueen. Kind und Karriere, so will man uns glauben machen, können zwar anstrengend sein, sind aber im Grunde genommen kein Problem: Superwoman wirds schon richten.

Eine Alternative dazu gibt es ohnehin nicht, denn das Leben einer ‹Hausfrauenmutter› wird allzu gerne in den düstersten Farben dargestellt: Eingesperrt in ihre vier Wände simpelt sie ab, hängt schon vormittags vor dem TV oder an der Flasche oder beidem und endet früher oder später in einer Depression. Unter diesen Umständen traut sich kaum eine Mutter zu sagen, sie fühle sich wohl in ihrer Rolle und verzichte gerne auf einen schlecht bezahlten Teilzeitjob ohne jegliche Karrierechancen. Lieber kümmere sie sich um die Kinder und erledige den Haushalt.

Die Kinder – seien wir ehrlich – wissen jedoch durchaus zu schätzen, dass jemand da ist, dem man gleich nach der Schule erzählen kann, dass die Laura fies gewesen ist, die Lehrerin eine Doofe ist und auf der Strasse ein toter Igel liegt. Und die ein, zwei Stunden über Mittag, wo es daheim was Feines zum Essen gibt und man sich ausser mit allfälligen Geschwistern mit niemandem herumschlagen muss, sondern einfach mal in Ruhe ein Donald-Duck-Heftli lesen und dazu die Katze streicheln kann, sind kleine Oasen im hektischen Kinderalltag.

Verstehen Sie mich nicht falsch! Damit will ich keineswegs behaupten, die Kinder fühlen sich in Krippen und an Mittagstischen nicht wohl. Ich finde es gut, dass es diese Möglichkeit gibt, vor allem auch für Einzelkinder, und habe sie selber über einige Zeit genutzt.

Aber wenn ich die Wahl gehabt hätte, dann wäre ich morgens lieber eine halbe Stunde länger im Bett geblieben, um mit meiner Kleinen Bilderbücher anzugucken, als sie mitten in der Nacht aus dem Schlaf zu reissen, um sie dann laut weinend in der Krippe abzugeben und mich voller Selbstvorwürfe ins Büro zu begeben. Dort musste ich mir wenn möglich sogar noch dumme Sprüche wie «Schon wieder zu spät?» oder «Ja, wenn dir die Familie wichtiger ist ...» anhören. Und als Krönung wurde dann noch die Sitzung von 16 Uhr auf 17 Uhr verschoben, so dass meine Kleine garantiert das allerletzte Kind war, das abgeholt wurde.

Zwang zur Arbeit

Heute stehen wir Frauen der westlichen Länder unter argem Druck: Wir sind es nämlich, die die Feminismus-Theorien der Siebzigerjahre ausbaden müssen – schliesslich haben unsere Mütter bzw. wir selber dafür gekämpft und mit dem schmuddligen Arafat-Tuch um den faltenfreien Hals für Gleichberechtigung demonstriert – und die beinhaltet unter anderem, dass Frauen nebst der Aufzucht der Kinder und der Erledigung des Haushaltes auch noch ausser Haus berufstätig sein ‹dürfen›. Wie man all diesen Aufgaben gerecht wird, sie in einem 24-Stunden-Tag erledigt und dabei selber nicht zu kurz kommt, das ist für die allermeisten bis heute ein Ding der Unmöglichkeit geblieben.

In den USA und in Grossbritannien ist man inzwischen so weit, dass immer lauter gegen die Idee rebelliert wird, eine Frau könne heutzutage alles gleichzeitig haben: einen interessanten Job, Karrieremöglichkeiten, wohlgeratene, glückliche Kinder, einen gepflegten Haushalt, eine funktionierende Partnerschaft und daneben noch genügend Zeit für sich selber. Es ist also vermutlich nur eine Frage der Zeit, bis sich auch das Schweizer Mami eingesteht, dass all die Ansprüche selbst unter besten Rahmenbedingungen – und wer hat die schon? – kaum unter einen Hut zu bringen sind.

Reden wir Klartext: Die Möglichkeiten, Mutterschaft und Beruf auf eine befriedigende Art zu verbinden, sind selbst nach über drei Jahrzehnten der Frauenbewegung sehr beschränkt. Es ist doch vielmehr so: Die Vollzeitmutter schämt sich ihrer vermeintlich langweiligen Hausfrauenrolle.

Die Teilzeitmutter hat ständig das Gefühl, dass sie weder ihrem Job noch ihren Kindern wirklich gerecht wird, und die vollberufstätige Mutter plagt das schlechte Gewissen, weil sie glaubt, die Kinder kämen total zu kurz. Die sinkende Geburtenrate spricht diesbezüglich eine deutliche Sprache. Und wie wenn das alles noch nicht schon schlimm genug wäre, hacken die Frauen gegenseitig aufeinander herum, machen sich nieder, statt dass sie einfach akzeptieren, dass jedes Lebensmuster seine positiven und negativen Seiten hat und jede Mutter für sich selber entscheiden muss, welches ihr am ehesten entspricht.

Mehr Selbstbewusstsein, bitte!

Am meisten leiden meiner Meinung nach Vollzeitmütter unter der Geringschätzung durch ihre Geschlechtsgenossinnen. Dabei ist doch die Basis für ihren Entscheid, sich hauptberuflich den Kindern zu widmen, ganz pragmatisch: Wer, wenn nicht die Mutter, soll sich denn um das Kind kümmern, vor allem, wenn es noch klein ist? Im Gegensatz zu früher ist das soziale Umfeld zusammengeschrumpft, und in der Regel kann die Mutter nicht auf die konstante Unterstützung durch Verwandte, Grosseltern, Nachbarinnen, Mägde oder ältere Geschwister zählen. Und auf die Väter schon gar nicht. Da liegt es nahe, dass eine Mutter, die ihr Kind neun lange Monate mit sich herumgetragen und geboren hat, davon ausgeht, dass sie nicht nur verantwortlich ist für das Kleine, sondern vermutlich auch diejenige ist, die dem Kind die bestmögliche Betreuung bieten kann. Und warum soll sie nicht das tun, wonach ihr der Sinn steht, nämlich sich zumindest in den ersten paar Jahren voll und ganz um das Kind zu kümmern, wenn dies die finanziellen Verhältnisse zulassen? Wer sich jemals intensiv mit den Alternativen herumgeschlagen hat, weiss: Längst nicht jede Krippe, jeder Ganztages-Kindergarten oder jeder Mittagstisch erfüllt die manchmal recht hohen Erwartungen der Mutter bzw. der Eltern. Und stimmt mal alles, dann ist die Warteliste so lang, dass das Kind erst kurz vor der Volljährigkeit aufgenommen wird. Kommt dazu, dass die Fremdbetreuung nicht kostenlos ist und den Teilzeitverdienst der Frau schnell einmal wegputzt.

Also, Vollzeitmütter, nur Mut! Denn selbst wenn einem aus dem Erwachsenenumfeld nicht viel Wertschätzung entgegengebracht wird, die Hauptakteure in diesem Lebensmuster wissen es auf jeden Fall zu schätzen. Ich habe jedenfalls noch nie von einem Kind im Vor-Teenie-Alter gehört, das sich über eine zu Hause anwesende Mutter beschwert hätte!

Das Kleingedruckte

Dass der Beruf der Hausfrau jede Menge Schoggi-Seiten hat, davon konnten Sie sich in den vorangegangenen Kapiteln überzeugen. Fairerweise müssen jetzt aber auch die Nachteile thematisiert werden, die es natürlich wie in jedem anderen Beruf auch gibt.

Karriere – was ist das?

Die Hausfrau ist praktisch parkiert. Sie hat keine Aufstiegschancen und kann keine Karriere machen.

Stimmt. Aber wer garantiert ihr denn, dass sie Karriere macht, wenn sie ausser Haus tätig ist? Die Diskussion um ‹Kind oder Karriere› ist meiner Meinung nach ein Witz und hat mit der Realität im Leben der allermeisten Frauen nichts gemein. Es sind nicht die Kinder, die eine Karriere verhindern, da spielen doch ganz andere Faktoren. Hand aufs Herz: Wie viele Karriere-Frauen, die diesen Namen wirklich verdienen, kennen Sie persönlich? Und wie viele aus den Medien? Wenn Ihnen auf Anhieb überhaupt keine einfällt, ist das nicht weiter erstaunlich. Europaweit sind gemäss NZZ nur etwa drei Prozent des oberen Managements weiblich, und gemäss Handelsregister liegt der Anteil der in Firmen unterschriftsberechtigten Frauen bei fünf Prozent. Und je grösser die volkswirtschaftliche Bedeutung einer Branche, desto weniger Frauen finden sich an ihrer Spitze. In Versicherungen und Banken sind Kaderfrauen also noch seltener anzutreffen als im Kultur- oder Sozialbereich. Oder mit anderen Worten: Je grösser das Budget, desto mehr Krawatten. Unter den hauchdünn gesäten Ausnahmen finden sich übrigens überdurchschnittlich viele reiche Witwen (wie beispielsweise Carolina Müller-Möhl) oder Erbinnen (wie Magdalena Martullo-Blocher). Allen anderen Frauen bleibt nichts anderes übrig, als sich ohne unterstützendes Netzwerk kraft ihres eigenen Könnens an die Spitze zu arbeiten, was eben leider nur sehr selten gelingen will.

Warum das so ist, damit haben Soziologen, Trendforscher und Journalisten schon Bände gefüllt. Ein wichtiger Grund ist bestimmt die Tatsache, dass viele Frauen gar nicht erst die nötigen Voraussetzungen mitbringen, um im Verlauf ihres Erwerbslebens ganz oben mitzumischen. Seit 1980 sind auf den zehn vordersten Plätzen der Berufswahlrangliste von jungen Frauen nach wie vor die typischen (schlecht bezahlten) Dienstleistungsberufe wie Arztgehilfin (pardon: medizinische Praxisassistentin), Apothekenhelferin (sprich: Pharmaassistentin), Krankenschwester und Coiffeuse zu finden. Nichts gegen diese Berufe, sie sind sicher zum Teil recht interessant und erfüllend, aber die dicke Kohle trägt frau damit ganz bestimmt nicht nach Hause – und Karriere macht sie schon gar nicht. Da hilft es auch nichts, wenn man die Berufsbezeichnungen von ‹Helferin› auf ‹Assistentin› schönt. Das gilt erst recht, wenn man keine eidgenössisch anerkannte Weiterbildung macht und nur stunden- oder tageweise arbeitet. Je nach Quelle sind 75 Prozent bis 80 Prozent der Teilzeitbeschäftigten Frauen, und Teilzeitarbeit für Führungskräfte gilt in den meisten Branchen immer noch als absoluter Karrierekiller. Andererseits ist es gerade für Frauen, die Kinder haben, fast nicht möglich, sich beruflich voll zu engagieren – es sei denn, sie geben ihre Kinder bis zur Volljährigkeit in die Hände eines Kindermädchens beziehungsweise ins Internat.

Und wo bleiben die so genannten neuen Väter, die sich vermehrt um den Nachwuchs kümmern bzw. Erwerbs- und Betreuungsaufgaben WIRKLICH fifty-fifty teilen? Gemäss Bundesamt für Statistik teilen sich in nur gerade 1,6 Prozent der Familienhaushalte die beiden Partner sowohl die Berufs- als auch die Familienarbeit. Im grossen Ganzen sind also solche Männer nach wie vor reines Wunschdenken vieler unbelehrbarer Träumerinnen.

Fazit: Von Karriere im businessmässigen Sinn, die sich auch auf dem Konto niederschlägt, kann für die allermeisten Frauen ob mit oder ohne Kinder keine Rede sein – ganz egal, ob sie erwerbstätig sind oder als Hausfrauen arbeiten.

Doch selbst wenn es gar nicht die Karriere ist, die Frauen im Erwerbsleben anstreben, sondern einfach nur Erfüllung – auch dann kommt nach der ersten Begeisterung, bedingt durch die Dreifachbelastung, die Ernüchterung. Wenn es darum geht, sich selber zu verwirklichen, also seine Möglichkeiten und Talente auszuschöpfen, dann ist ein Haushalt bestimmt nicht die schlechtere Wahl als ein Büro oder ein Einkaufszentrum.

Prestige – was für ein Prestige?

Der Hausfrauenberuf hat überhaupt kein Prestige.

Zu den prestigeträchtigen Berufen gehört der Beruf der Hausfrau ganz bestimmt nicht – vielmehr zählt er gar nicht zu den Berufen. In der jährlich erhobenen Allensbacher Berufsprestige-Tabelle kommt der Hausfrauenberuf jedenfalls nicht vor, weder vorn bei den Ärzten und Krankenschwestern noch am

Schluss bei den TV-Moderatoren und Gewerkschaftsführern. Und dies, obwohl der Hausfrauenberuf vermutlich der am häufigsten ausgeübte Beruf überhaupt ist! Ich nehme an, das hat ganz direkt mit der fehlenden Bezahlung zu tun. Eigentlich ist Familien- und Hausarbeit ja nicht schlechter als irgendeine andere Arbeit, aber was nichts kostet, ist nichts wert, so die landläufige Meinung. Und diese abschätzige Haltung spiegelt sich im Ausdruck ‹Nur-Hausfrau› wieder. Interessanterweise wird das Wörtchen ‹nur› ausschliesslich im Zusammenhang mit Frauen verwendet. Ich jedenfalls habe noch niemals etwas von einem ‹Nur-Hausmann› gehört oder gelesen. Und Sie?

Seit einiger Zeit scheint sogar der Begriff ‹Hausfrau› tabu oder zumindest so negativ besetzt zu sein wie beispielsweise ‹Zigeuner› oder ‹Schulhausabwart›. Und wer immer sich in irgendeine Behörde oder ein politisches Amt wählen lassen will oder sonst wie an die Öffentlichkeit tritt, der vermeidet tunlichst, auf seine wahre Tätigkeit hinzuweisen. Wer auch nur ein minimales Pensum in einem ‹richtigen› Beruf ausübt (und wie schon weiter vorne erwähnt, gelten bereits bezahlte Tätigkeiten ab EINER Stunde pro Woche als Teilzeitbeschäftigungen), schreibt sich diesen auf sein Wahlplakat. So wird schnell mal eine Kandidatin zur angeblich hauptberuflichen Lehrerin, selbst wenn sie nur gerade ein Zweistunden-Pensum bekleidet. Dass sie in den restlichen vierdreiviertel Tagen ausschliesslich Hausfrau ist, das unterschlägt sie lieber, weil sie glaubt, damit ihre Wahlchancen zu schmälern. (Ob dies tatsächlich zutrifft, müsste man allerdings erst noch beweisen.) Lieber bedienen sich Hausfrauen mit Kindern des seltsamen Begriffs ‹Familienfrau›. Genauso gut könnten sie sich ‹Fachfrau für Familienmanagement› oder so ähnlich nennen. Ändern tut sich dadurch an ihrem Beruf überhaupt nichts, denn im Grunde ist das doch reine Schönfärberei auf Wortebene, auch Euphemismus genannt; ein hoffnungsvoller Versuch, die nackte Wahrheit ein bisschen aufzupeppen. Familienarbeit tönt halt besser als Hausarbeit und Kindererziehung, aber im Grunde geht es doch um das Gleiche: viel Arbeit, wenig Anerkennung.

Der Hausfrau bleibt also nichts anderes übrig, als sich vorläufig damit abzufinden, dass es ihr Beruf nicht mal ins Berufsprestige-Rating schafft, und sich stattdessen zu freuen, dass sie im Gegensatz zur Krankenschwester oder zum Polizisten einiges mehr an Freiheiten und Selbstbestimmung geniesst.

Wo bleibt mein Lohn?

Hausfrauen arbeiten für Gotteslohn – das war schon immer so.

Familien- und Hausarbeit ist wie bereits erwähnt bestimmt nicht weniger wertvoll als irgendeine andere Arbeit, sie wird jedoch systematisch abgewertet, weil sie nicht bezahlt wird. Geld steht aber für Selbstwert, Erfolg und Leistung, und am Geld wird die Wertschätzung sichtbar. Bei einer Hausfrau wird der Wert ihrer Arbeit erst offensichtlich, wenn sie ausfällt, beispielsweise weil sie beim Fensterputzen von der Leiter stürzt und sich in Spitalpflege begeben muss. 1983 setzten die Gerichte den Wert der Hausarbeit mit den Kosten für eine Haushalthilfe gleich. Auf heutige Verhältnisse umgemünzt bedeutet das also etwa 25 bis 30 Franken pro Stunde. Allerdings stellte das Bundesgericht schon damals fest, dass eine Hausfrau «bei weitem mehr Initiative, Entschlusskraft,

Aufmerksamkeit und Disponibilität mitbringt als eine auswärtige Hilfskraft».

Trotzdem: Geld ist wichtig, und so ist es nicht zu vermeiden, dass es auch in den besten Familien Streit um die Finanzen gibt. Vordergründig geht es meist darum, dass der eine meint, der andere gebe das Geld für das Falsche aus. Beispiel: Er will einen Porsche, sie einen praktischen Familienkombi. Die Ursache für die unerfreulichen Diskussionen um Automarken und Ähnliches liegen aber tiefer. Wenn sich Lebenspartner und Eheleute ums Geld streiten, geht es oft um Fragen der Macht. In der traditionellen Rollenverteilung verfügen Männer als Alleinernährer über das Geld und damit über die Macht. Nicht nur Frauenrechtlerinnen fordern deshalb, dass auch Hausfrauen für ihre Arbeit zu Hause eine Entschädigung bekommen.

Und tatsächlich ist in vielen Partnerschaften heutzutage der Hausfrauenlohn eine Selbstverständlichkeit, wie meine diesbezüglichen Umfragen ergeben haben. Und das keineswegs nur in Haushalten von Grossverdienern. Natürlich ist es toll, wenn man als Hausfrau grosszügig für den unermüdlichen Einsatz entlöhnt wird. Doch selbst wenn das Einkommen nur knapp reicht, um beiden Partnern einen gewissen Betrag zur freien Verfügung zu überweisen, ist das besser als nichts, denn es ist ein Zeichen der Wertschätzung.

Am Geld zeigt sich nämlich auch, wie partnerschaftlich die Beziehung ist, denn wenn der Mann die alleinige Verfügungsgewalt über die Finanzen hat, dürfte er auch in anderen Lebensbereichen das Sagen haben. Diese totale Abhängigkeit ist aber für jede Frau demütigend und frustrierend, und es ist nur zu gut verständlich, wenn es früher oder später zu ernsthaften Konflikten in der Partnerschaft kommt. Es lohnt sich also, dieses Thema rechtzeitig zur Sprache zu bringen und sich allenfalls an eine neutrale Person für eine Beratung zu wenden. Nebst den Problemen ums Geld kommt so meist auch das zur Sprache, was wirklich dahintersteckt. Und damit ist ein erster Schritt zur Lösung der Konflikte getan – und zu einer Anerkennung der Hausfrauenarbeit in Form von barer Münze.

Scheidung – Abstieg vorprogrammiert?

Die Scheidung ist für die Hausfrau der Ruin.

Die Ehe ist für bald die Hälfte aller Paare kein Bund mehr fürs Leben, sondern allenfalls für einen mehr oder weniger langen Lebensabschnitt. In der Schweiz wurden im Jahr 2005 fast 21 300 Ehen rechtskräftig geschieden – das sind immerhin fast 60 Ehen pro Tag. Die wiedererlangte Unabhängigkeit hat aber vor allem für Mütter häufig einen hohen Preis, denn hinter der Scheidung lauert nur allzu oft die Armutsfalle. Allein erziehende Mütter weisen den höchsten Anteil an Working poor auf, also an Menschen, die trotz Erwerbstätigkeit sich ihren Lebensunterhalt nicht sichern können. Die Folge davon ist, dass auch jedes zehnte Kind in der Schweiz in Armut aufwächst. Dies ist gemäss Fachleuten hauptsächlich auf niedrige Frauenlöhne und ungenügende oder fehlende Unterhaltsbeiträge für die Kinder zurückzuführen. Zudem stehen mit dem neuen Scheidungsrecht die Frauen schlechter da als früher, denn grundsätzlich gilt, dass nach der Scheidung die Geschiedenen selber für ihren Unterhalt aufkommen müssen. Ein Unterhaltsbeitrag ist nur noch dann geschuldet, wenn es der Mutter nicht zuzumuten ist, selber für ihren gebührenden Unterhalt aufzukommen, z.B. wegen Krankheit, fortgeschrittenem Alter oder Betreuungsaufgaben kleiner Kinder. In wirtschaftlich harten Zeiten ist das für eine Frau, die jahrelang als Hausfrau und Mutter gearbeitet hat, ausgesprochen schwierig. Leider werden auf dem Arbeitsmarkt ihre zahlreichen Fähigkeiten, die sie sich in ihrem Beruf angeeignet hat, nach wie vor nicht anerkannt. Immerhin kommt sie wenigstens bei der Altersvorsorge nicht zu kurz, denn da ist das so genannte Splitting vorgesehen, das heisst, die vom Mann während der Ehe einbezahlten Pensionskassenbeiträge sowie die AHV müssen aufgeteilt und an beide Partner verteilt werden.

Fazit

Nachdem ich mich für einige Zeit nicht nur ganz praktisch, sondern auch theoretisch mit dem Beruf der Hausfrau auseinander gesetzt habe, jede Menge Statistiken zerpflückt und vor allem mit vielen Hausfrauen gesprochen habe, komme ich zu folgendem Schluss: Mit dem Hausfrauenberuf haben vorwiegend diejenigen ein Problem, die selber gar keine Vollzeithausfrauen sind, also beispielsweise erwerbstätige Single-Frauen, ‹Familienfrauen› mit einem Teilzeitpensum (schon 10% reichen) oder voll berufstätige Mütter.

Die echten Vollbluthausfrauen sehen die ganze Sache deutlich gelassener. Selbstverständlich ist ihnen bewusst, dass ihr Beruf ein schlechtes Image hat, sie kein eigenes Geld verdienen und abhängig sind von ihrem Partner – blöd sind sie ja nicht. Zuweilen nagt das alles auch ziemlich am Selbstbewusstsein. Aber immer mehr Frauen wissen auch die anderen Seiten zu schätzen, nämlich die Freiheit und die Vielseitigkeit, die eben typisch sind für ihren Beruf. Und sie wollen auf keinen Fall tauschen. Auch dazu gibt es ein paar statistische Zahlen: Gemäss einer Brigitte-Umfrage von 1998 war die Hälfte der Frauen zwischen 14 und 49 Jahren überzeugt, es sei das Natürlichste für eine Frau, für die Familie und den Haushalt zu sorgen. Damit sich jetzt aber Alice Schwarzer und ihre emanzipierten Schwestern nicht gleich den Strick holen, hier noch eine weitere Zahl: Immerhin 85 Prozent dieser Altersgruppe fanden, dass der Beruf für die Frau genauso wichtig ist wie für den Mann. Damit diese Gleichung aufgeht, muss man annehmen, dass die eine oder andere der befragten Frauen Familie und Haushalt eben auch als richtigen Beruf (und Berufung?) betrachtet. Gemäss Bundesamt für Statistik herrscht bei etwas mehr als einem Drittel der Paarhaushalte mit mindestens einem Kind das ganz traditionelle Modell vor: Er geht in den Stollen, sie bleibt am Herd. Bei einem weiteren Drittel arbeitet er voll, sie Teilzeit, und zwar weniger als 50 Prozent. In weniger als einem Drittel der Familien ist also die Frau mehr als halbtags ausser Haus tätig.

Mit anderen Worten: Über zwei Drittel aller verheirateten oder konkubinierten Frauen mit Kindern sind hauptberuflich Hausfrau – auch wenn sie sich vielleicht nicht gerne als solche bezeichnen.

Ich folgere daraus, dass trotz aller Nachteile, die der Hausfrauenjob mit sich bringt, immer noch eine Mehrheit der Frauen diesen Beruf FREIWILLIG wählt, weil er eben sehr viele positive Seiten hat, die kein anderer Job der Welt bietet. Selbstverständlich gibt es auch Frauen, die gerne ausser Haus tätig wären, aber nichts Passendes finden, nicht wissen wohin mit den Kindern oder sogar vom Partner daran gehindert werden, erwerbstätig zu sein. Aber unter den Hunderttausenden von Hausfrauen in der Schweiz, die keiner ausserhäuslichen Tätigkeit nachgehen, sind viele glücklich mit ihrem Beruf oder zumindest nicht unglücklicher als in irgendeinem anderen. Denn bei aller Emanzipation darf man eines nicht vergessen: Das Recht, sich für eine Berufstätigkeit ausser Haus und vielleicht sogar für eine Karriere zu entscheiden (wenn es denn überhaupt so weit kommt), beinhaltet auch das Recht, sich dagegen zu entscheiden, ohne deswegen von den erwerbstätigen Frauen als Verräterin an der Sache der Frau abgestempelt und als ‹Muttertier›, ‹Heimchen am Herd› oder gar ‹Putzlappen› bezeichnet zu werden. Von der vielbeschworenen Frauensolidarität ist zwischen erwerbstätigen Frauen und Hausfrauen leider nicht viel zu spüren – im Gegenteil: Hier tobt ein Kampf, der, so behaupte ich, hauptsächlich auf Neid begründet ist: Hausfrauen beneiden ihre ausser Haus berufstätigen Schwestern um das selbst verdiente Geld, das jeden Monat aufs Konto flattert, und den besseren Status, den diese haben. Erwerbstätige Frauen hingegen sind neidisch auf die viele Freiheit und Selbständigkeit der Hausfrauen.

Aber wie heisst es noch mal? Neid ist die aufrichtigste Form der Anerkennung.

Der ultimative Hausfrauen-Test

Eine eigentliche Ausbildung zur Hausfrau gibt es nicht, und deshalb fehlt auch eine Abschlussprüfung, mit welcher man sich einen Titel wie beispielsweise eidg. dipl. Hausperson sichern könnte. Diese Lücke werde ich jetzt – augenzwinkenderweise – mit nachfolgendem Test füllen. Lesen Sie alle Fragen sorgfältig durch und kreuzen Sie jeweils immer nur eine der möglichen Antworten an. Viel Erfolg!

Küche und Keller

1. Welches Küchenkraut gibt der Sauce béarnaise den typischen Geschmack?
   - ☐ a: Peterli
   - ☐ b: Salbei
   - ☐ c: Estragon

2. Was passiert, wenn man Paprika zu sehr erhitzt?
   - ☐ a: Nichts.
   - ☐ b: Er wird bitter.
   - ☐ c: Er wird süss.

3. Das Eiweiss wird nicht steif. Was kann man tun?
   - ☐ a: Ein bisschen Zucker zugeben
   - ☐ b: oder eine Prise Salz
   - ☐ c: oder einen Eiswürfel.

4. Was gehört in ein klassisches Cordon bleu?
   - ☐ a: Schinken und Käse
   - ☐ b: Speck und Käse
   - ☐ c: Nur Schinken

5. Bei wie viel Grad spricht man von Niedergaren?
   - ☐ a: 100 Grad
   - ☐ b: 80 Grad
   - ☐ c: 75 Grad

6. Welches Kraut eignet sich zum Trocknen?
   - ☐ a: Basilikum
   - ☐ b: Peterli
   - ☐ c: Thymian

7. Was ist ein ‹mise en place›?
   - ☐ a: Die Bereitstellung von allen Zutaten für den Kochvorgang
   - ☐ b: Ein ungünstig platzierter Gast
   - ☐ c: Keine Ahnung

8. Wie lagert man Kartoffeln richtig?
   - ☐ a: Kühl, dunkel und luftig
   - ☐ b: Spielt keine Rolle.
   - ☐ c: Bei Zimmertemperatur

9. Wie lange gibt es McDonald's schon in der Schweiz?
   - ☐ a: 10 Jahre
   - ☐ b: 20 Jahre
   - ☐ c: 30 Jahre

10. Was heisst ‹à point›?
    - ☐ a: Knapp durchgebraten
    - ☐ b: Noch blutig
    - ☐ c: Richtig gut durch

11. Mit welcher Sorte Messer lassen sich Tomaten besonders gut schneiden?
    - ☐ a: Glattschliff
    - ☐ b: Wellenschliff
    - ☐ c: Spielt keine Rolle.

12. Worin unterscheiden sich Champagner und Sekt?
    - ☐ a: Gar nicht.
    - ☐ b: Champagner schmeckt kräftiger.
    - ☐ c: Champagner kommen alle aus dem Gebiet ‹Champagne› in Frankreich.

13. Was heisst ‹pochieren›?
    - ☐ a: Eine besonders schonende Garmethode, bei der das Wasser nie kocht
    - ☐ b: Das Einpacken von Füllungen in Teigtaschen aller Art
    - ☐ c: Professionelles Ausnehmen eines Fisches

14. Was ist der Unterschied zwischen grünen und weissen Spargeln?
    - ☐ a: Weisse Spargeln wachsen in der Erde, grüne an der Sonne.
    - ☐ b: Weisse Spargeln wachsen im Gewächshaus.
    - ☐ c: Grüne Spargeln sind gentechnisch manipuliert.

15. Wie heisst das Restaurant des Sternekochs Horst Petermann?
    - ☐ a: Kunstsaal
    - ☐ b: Kunsthaus
    - ☐ c: Kunststuben

16. Weshalb sollte man Bananen nicht im Kühlschrank lagern?
    - ☐ a: Sie werden hart.
    - ☐ b: Sie werden schneller braun.
    - ☐ c: Sie bekommen einen unangenehmen Geschmack.

17. Was sind Kumquats?
    - ☐ a: Asiatische Zwergorangen
    - ☐ b: Indische Feigen
    - ☐ c: Spanische Zitronen

18. Welche Weine sollte man dekantieren?
    - ☐ a: Junge Weine
    - ☐ b: Reife Weine
    - ☐ c: Alle Weine

Waschen und Putzen

19. Wo beginnt man mit der Reinigung eines Zimmers?
    - ☐ a: Oben
    - ☐ b: Unten
    - ☐ c: Ist egal

20. Welches ist üblicherweise der putzintensivste Raum?
    - ☐ a: Keller
    - ☐ b: Flur
    - ☐ c: Küche

21. Wie viel Prozent unseres Schmutzes auf den Böden kommen von draussen?
    - ☐ a: 80 Prozent
    - ☐ b: 50 Prozent
    - ☐ c: 10 Prozent

22. Wie bringt man Kaugummi aus Textilien wieder raus?
    - ☐ a: Vorwaschmittel drauf und dann normal waschen.
    - ☐ b: Mit einer Bürste sorgfältig herausbürsten.
    - ☐ c: Kleidungsstück in den Tiefkühler und dann den harten Kaugummi vorsichtig abschaben.

23. Welche Mischung eignet sich zum Fensterputzen?
    - ☐ a: Brennsprit und Wasser
    - ☐ b: Schmierseife und Wasser
    - ☐ c: Wollwaschmittel und Wasser

24. Mit wie viel Grad kann man einen Faserpelz-Pulli waschen?
    - ☐ a: 60 Grad
    - ☐ b: 90 Grad
    - ☐ c: 30 Grad

25. Wozu braucht man den Vorwaschgang?
    - ☐ a: Um extrem schmutzige Wäsche sauber zu kriegen.
    - ☐ b: Damit die Wäsche weich wird.
    - ☐ c: Der gehört einfach zu einem vollständigen Waschprogramm.

26. Worauf muss man bei der Reinigung von Laminatböden achten?
    - ☐ a: Auf nichts, die sind total pflegeleicht.
    - ☐ b: Ab und zu mit Bodenwachs reinigen.
    - ☐ c: Immer nur feucht, niemals nass reinigen.

27. Wie lassen sich Textilien am leichtesten bügeln?
    - ☐ a: Noch leicht feucht
    - ☐ b: Spielt keine Rolle.
    - ☐ c: Ganz trocken

28. Wie trocknet man durchnässte Schuhe?
    - ☐ a: Im Backofen
    - ☐ b: Auf der Heizung
    - ☐ c: Zeitungen hineinstopfen

Gesundheit und Medizin

29. Welcher Insektenstich kann bei bestimmten Menschen einen schweren allergischen Schock auslösen?
    - ☐ a: Hornissenstich
    - ☐ b: Mückenstich
    - ☐ c: Bienenstich

30. Ab welcher Grösse von Verbrennungen muss man auf jeden Fall zum Arzt?
    - ☐ a: Fünflibergross
    - ☐ b: Handtellergross
    - ☐ c: Suppentellergross

31. Welches ist die Notrufnummer der Sanität?
    - ☐ a: 144
    - ☐ b: 117
    - ☐ c: 143

32. Welche Frucht enthält am meisten Vitamin C?
    - ☐ a: Kiwi
    - ☐ b: Zitrone
    - ☐ c: Erdbeere

33. Welche Auswirkungen hat ein Eisenmangel?
    - ☐ a: Durst
    - ☐ b: Müdigkeit
    - ☐ c: Durchfall

34. Was heisst PMS?
    - ☐ a: Prämenstruelles Syndrom
    - ☐ b: Postmenstruelles Syndrom
    - ☐ c: Prämediales Syndrom

35. Was versteht man darunter?
    - ☐ a: Beschwerden aller Art nach der Menstruation
    - ☐ b: Beschwerden aller Art vor der Menstruation
    - ☐ c: Beschwerden während der Wechseljahre

36. Man unterteilt Vitamine in zwei Gruppen. Welche?
    - ☐ a: Früchtevitamine und Gemüsevitamine
    - ☐ b: Fettlösliche und wasserlösliche Vitamine
    - ☐ c: essenzielle und nicht essenzielle Vitamine

37. Wo hat es am meisten Kalzium drin?
    - ☐ a: Milch
    - ☐ b: Wasser
    - ☐ c: Emmentaler

38. Was ist ein Fieberkrampf?
    - ☐ a: Ein spezieller Wickel, der das Fieber senken hilft.
    - ☐ b: Krampfanfälle, die im Säuglings- und Kleinkindesalter bei Fieber auftreten können.
    - ☐ c: Wadenkrämpfe, die typisch sind für Menschen mit Fieber.

39. Weshalb soll man bei Vergiftungen KEINE Milch geben?
    - ☐ a: Weil es einem ohnehin schon schlecht ist.
    - ☐ b: Weil dadurch das Gift im Magen verklumpt.
    - ☐ c: Weil durch die Milch das Gift schneller ins Blut gelangen kann.

40. Wo ist die Sonneneinstrahlung besonders stark?
    - ☐ a: Am Meer
    - ☐ b: In den Bergen
    - ☐ c: Auf weiten Ebenen

41. Womit wird eine Wunde idealerweise desinfiziert?
    - ☐ a: Schnaps
    - ☐ b: Wasser
    - ☐ c: Merfen

42. Was heisst ‹retard›?
    - ☐ a: Ein Medikament muss spät abends eingenommen werden.
    - ☐ b: Ein Wirkstoff wird über längere Zeit freigesetzt.
    - ☐ c: Weiss nicht.

Reparaturen und Unterhalt

43. Wie entstopft man das Waschbecken im Badezimmer?
    - ☐ a: Siphon aufschrauben
    - ☐ b: Mit Javelwasser
    - ☐ c: Mit Kalkentferner

44. Welche Art Nägel eignen sich für Mauerwerk?
    - ☐ a: Dachpappenstifte
    - ☐ b: Alle
    - ☐ c: Stahlstifte

45. Welche Farbe wählen Sie, wenn Sie das Schlafzimmer neu streichen möchten?
    - ☐ a: Eine lösungsmittelhaltige, damit es auch richtig gut hält
    - ☐ b: Eine wasserlösliche, die ist gesünder
    - ☐ c: Hellblau

46. Wie kaschiert man Löcher in der Wand?
    - ☐ a: Mit Kaugummi
    - ☐ b: Mit Mörtel
    - ☐ c: Mit Zahnpasta

47. Was ist WD40?
    - ☐ a: Ein Multifunktionsöl
    - ☐ b: Eine Schraubengrösse
    - ☐ c: Eine Bohrmaschinenmarke

48. Was tun, wenn die Schublade klemmt?
    - ☐ a: Mit dem Hammer bearbeiten.
    - ☐ b: Die Kanten mit einem Kerzenstummel abreiben.
    - ☐ c: Die Schublade mit Klarlack streichen.

49. Wie löst man festsitzende Schrauben?
    - ☐ a: Mit ein paar Tropfen Rostlöser
    - ☐ b: Mit dem Bohrer aufbohren
    - ☐ c: Mit einem Schraubenzieher

50. Wissen Sie, wo der Hauptwasserhahn ist?
    - ☐ a: Aber sicher.
    - ☐ b: Nein, keine Ahnung.
    - ☐ c: Wozu muss ich das wissen?

Erziehung und Betreuung

51. Ihre Kinder haben eine Wand im Kinderzimmer bunt angemalt. Wie reagieren Sie?
    - ☐ a: Ich schreie sie an und streiche das Taschengeld.
    - ☐ b: Ich erkläre ihnen, weshalb man in einer Mietwohnung keine Wände anmalen sollte.
    - ☐ c: Ich sage: «Wartet nur, bis der Papi heimkommt ...»

52. Ihre 5-jährige Tochter hat aus Ihrem Cashmere-Schal eine Decke für ihr Bärli geschneidert. Wie verhalten Sie sich?
    - ☐ a: Ich bin froh, dass sich das Kind mit der Schere nicht verletzt hat.
    - ☐ b: Ich schimpfe und rede dann zwei Tage nicht mehr mit ihr.
    - ☐ c: Ich bin ratlos.

53. Was antworten Sie auf die Frage: «Warum ist die Banane krumm?»
    - ☐ a: Sobald die Blütendeckblätter abgefallen sind, strecken sich die Bananenfinger nach oben und wachsen dem Licht entgegen. So entsteht die leicht gebogene Form.
    - ☐ b: Weil keiner in den Urwald gegangen ist, um sie gerade zu biegen.
    - ☐ c: Das ist eben so.

54. Ihre Tochter sagt zur Nachbarin statt «Grüezi» «dumme Kuh». Was tun Sie?
    - ☐ a: Ich ignoriere den Vorfall.
    - ☐ b: Ich weise das Kind zurecht.
    - ☐ c: Ich gebe dem Kind eine Ohrfeige, und zur Strafe muss es der Nachbarin aus seinem Taschengeld ein Blumensträusschen kaufen.

55. Ihre Kinder wollten Sie überraschen und haben Ihren Wagen mit Kratzschwamm und Scheuermittel gewaschen, was nicht zu übersehen ist. Rasten Sie aus?
    - ☐ a: Nein, ich melde die Kratzer meiner Vollkaskoversicherung und bitte die Kinder, in Zukunft auf solche Überraschungen zu verzichten.
    - ☐ b: Ja, und zwar mächtig. Die Kinder werden ohne Znacht ins Bett geschickt.
    - ☐ c: Ich breche in Tränen aus.

56. Wie bringen Sie die Kinder dazu aufzuräumen?
    - ☐ a: Ich fordere sie einfach dazu auf und drohe mit Fernseh- und Computer-Verbot.
    - ☐ b: Gar nicht, meistens räume ich alleine auf.
    - ☐ c: Aufräumen?

57. ‹Triple P› – was ist das?
    - ☐ a: Eine Erziehungsmethode
    - ☐ b: Ein anderer Ausdruck für Patchwork-Familie
    - ☐ c: Die Trotzphase von Dreijährigen

58. Ihre Kinder meckern über den Tofu-Auflauf, den Sie ihnen vorsetzen. Was tun?
    - ☐ a: Ich zwinge sie, den Teller leer zu essen.
    - ☐ b: Ich fordere sie auf, ihn doch wenigstens zu probieren. Wenn sie es wirklich nicht essen können, sollen sie sich ein Brot streichen.
    - ☐ c: Ich erzähle ihnen von den Kindern in Afrika, die gar nichts zu essen haben.

59. Was ist Ihnen bei der Erziehung der Kinder wichtig?
    - ☐ a: Zuwendung, Vertrauen, Geborgenheit
    - ☐ b: Gehorsam, Sittlichkeit, Demut
    - ☐ c: Ehrerbietung, Verschwiegenheit, Treue

60. Was ist ‹ggT›?
    - ☐ a: Eine politische Partei
    - ☐ b: Eine Hip-Hop-Band
    - ☐ c: Der grösste gemeinsame Teiler

Organisation und Planung

61. Wie lange brauchen Sie, um die Autoschlüssel zu finden?
    - ☐ a: Ein paar Sekunden
    - ☐ b: Eine halbe Ewigkeit
    - ☐ c: Die hab ich wohl stecken lassen.

62. Wie reagieren Sie auf unangemeldeten Besuch?
    - ☐ a: Panisch, weil bestimmt nicht mal was zu trinken im Haus ist.
    - ☐ b: Meistens freue ich mich und bin froh, dass ich für solche Fälle immer vorgesorgt habe.
    - ☐ c: Ich öffne gar nicht erst die Tür, weil doch meist das totale Chaos herrscht.

63. Wie sieht Ihre Vorratshaltung aus?
    - ☐ a: Ich habe überhaupt keine Vorräte, ich gehe ja jeden Tag einkaufen.
    - ☐ b: Da müsste ich erst mal nachschauen, hat sich bestimmt einiges angesammelt in den letzten Jahren.
    - ☐ c: Teigwaren, Zucker, Salz, Reis und Mehl sind selbstverständlich, dazu noch das eine oder andere im Tiefkühler.

64. Wann haben Sie Zeit für sich?
    - ☐ a: Zeit für mich? Was ist das?
    - ☐ b: Ich nehme mir jeden Tag mindestens eine halbe Stunde nur für mich – auch wenn mal was liegen bleibt.
    - ☐ c: Manchmal abends. Oft döse ich aber komplett erledigt vor dem Fernseher ein.

65. Wo ist die Weihnachtsdekoration?
    - ☐ a: Eine gute Frage ...
    - ☐ b: Fein säuberlich verpackt in einer Kiste im Keller.
    - ☐ c: Die Kugeln sind im Schrank, aber wo ist der Rest?

66. Wann kommt die Müllabfuhr?
- ☐ a: Das kann ich Ihnen ganz genau sagen.
- ☐ b: War das Montag oder Dienstag?
- ☐ c: Die verpasse ich leider oft, und dann sammelt sich der Abfall eben auf dem Küchenbalkon an.

67. Wann beginnen Sie zu packen, wenn Sie mit der fünfköpfigen Familie in die Sommerferien fahren?
- ☐ a: Eine Stunde vor der Abreise
- ☐ b: Kurz nach den Frühlingsferien
- ☐ c: Rechtzeitig, um ohne Stress damit fertig zu werden.

68. Wann gehen Sie einkaufen?
- ☐ a: Wenn die Warteschlangen erfahrungsgemäss möglichst kurz sind.
- ☐ b: Kurz nach Ladenschluss
- ☐ c: Kurz vor Ladenschluss

Leben und Liebe

69. Was nervt Männer am meisten an Frauen?
- ☐ a: Ihre Neugierde
- ☐ b: Ihre Unentschlossenheit
- ☐ c: Ihre Klatschsucht

70. Was nervt Frauen am meisten an Männern?
- ☐ a: Ihre Liebe zum Fussball
- ☐ b: Ihre Schlampigkeit
- ☐ c: Ihr Autofahrstil

71. Wann ist die Liebe in Gefahr?
    - ☐ a: Wenn das Paar nur selten Sex hat.
    - ☐ b: Wenn sich das Paar streitet.
    - ☐ c: Wenn sich das Paar nichts mehr zu sagen hat.

72. Was ist für Sie wichtig im Leben?
    - ☐ a: Liebe, Glück, Zufriedenheit
    - ☐ b: Geld, Ruhm, Erfolg
    - ☐ c: Leistung, Triumph, Sieg

73. Mit wem würden Sie gerne tauschen?
    - ☐ a: Mit Paris Hilton
    - ☐ b: Mit niemandem
    - ☐ c: Mit Martina Hingis

74. Was lieben Sie besonders an Ihrem Beruf?
    - ☐ a: Fleiss und Pflichterfüllung
    - ☐ b: Ordnung und Reinlichkeit
    - ☐ c: Freiheit und Selbständigkeit

75. Welcher Satz sagt Ihnen am ehesten zu?
    - ☐ a: «Hier werden Sie geholfen.»
    - ☐ b: «Beam me up, Scottie.»
    - ☐ c: «Nichts ist unmöglich.»

Auflösung
Vergleichen Sie Ihre Antworten mit den nachfolgenden Lösungen. Jeder Treffer gibt einen Punkt.
1.c, 2.b, 3.b, 4.a, 5.b, 6.c, 7.a, 8.a, 9.c, 10.a, 11.b, 12.c, 13.a, 14.a, 15.c, 16.b, 17.a, 18.b, 19.a, 20.c, 21.a, 22.c, 23.a, 24.c, 25.a, 26.c, 27.a, 28.c, 29.c, 30.b, 31.a, 32.a, 33.b, 34.a, 35.b, 36.b, 37.c, 38.b, 39.c, 40.b, 41.c, 42.b, 43.a, 44.c, 45.b, 46.c, 47.a, 48.b, 49.a, 50.a, 51.b, 52.a, 53.a, 54.b, 55.a, 56.a, 57.a, 58.b, 59.a, 60.c, 61.a, 62.b, 63.c, 64.b, 65.b, 66.a, 67.c, 68.a, 69.a, 70.b, 71.c, 72.a, 73.b, 74.c, 75.c

51–75 Punkte
Bravo. Sie haben entweder unwahrscheinliches Glück bei Multiple-Choice-Tests, oder Sie sind tatsächlich eine Super-Hausfrau und haben sich Ihr Diplom redlich verdient. Gratulation!

26–50 Punkte
Es könnte schlimmer sein, aber gerade glänzend ist Ihr Resultat nicht. Da gibt es noch einige Lücken zu füllen, bis sie sich professionelle Hausfrau nennen können. Doch Sie sind auf dem richtigen Weg. Nur Mut, denn Übung macht die Meisterin!

0–25 Punkte
Sie sind ganz offensichtlich total neu im Geschäft und müssen noch viel lernen, bis sie Ihr Hausfrauendiplom entgegennehmen dürfen. Macht nichts, Sie haben ja Zeit, und wie Sie wissen, gilt im Haushalt das Motto ‹Learning by doing›.